Michael Buchinger

Buchingers Kochbuch

Ich koche nicht gerne, aber kann es sehr gut!

Mit Fotografien von Kevin Ilse

Brandstätter

Liebe Leser*innen, willkommen in meinem Kochbuch!

Wenn ich kochen kann, könnt ihr das auch!

Wer hat mir erlaubt, ein Kochbuch zu schreiben?

Ich weiß, was ihr euch fragt: „Warum schreibt ausgerechnet Michi Buchinger ein Kochbuch? Hat der nicht früher Koch-Videos auf YouTube gemacht, in denen er selbst bei den einfachsten Gerichten beinahe die Küche abgefackelt hätte?" Klar, ich kann meine Vergangenheit nicht leugnen. Aber ich wage zu behaupten, meine kulinarischen Pannen sind genau der Grund für dieses Kochbuch: In 15 Jahren voll von Küchen-Fails und Verletzungen am Herd habe ich so viel dazugelernt, dass ich mich heute tatsächlich in der Lage fühle, meine Kochweisheiten mit euch zu teilen.

(Vielleicht habt ihr noch nie ein einziges meiner Koch-Videos gesehen. In diesem Fall nehme ich alles zurück und leugne ihre Existenz. Stattdessen werde ich betonen, dass ich in der Küche immer perfekt war und mir noch nie ein einziger Fehler passiert ist. Betrunken kochen? Habe ich noch nie gemacht. Meine Kuchen waren immer superflaumig und meine Gäste haben noch nie eine Eierschale, geschweige denn ein Stück eines Fingernagels, darin gefunden.)

Habe ich früher so gut wie jede meiner Mahlzeiten im Restaurant zu mir genommen oder beim Lieferservice bestellt, stehe ich mittlerweile jeden Tag in der Küche und bereite eines der 60 Rezepte zu, die ihr auf den kommenden Seiten finden werdet. Richtig, es handelt sich um meine absoluten Lieblingsgerichte, die bei mir in ständiger Rotation sind: von Mac und Chips (meiner ungesünderen Mac-and-Cheese-Variante) über fleischlose Fleischbällchen bis hin zu meinem ultra-nährstoffreichen Supersalat. Meine Rezepte sind so vielfältig und abwechslungsreich wie das Leben, und ich bemühe mich stets um die perfekte Balance zwischen Protein Shakes und Dirty Wodka Martinis.

Ich bin mal kurz ehrlich: Klar, ich kann mittlerweile ganz gut kochen, aber tue ich es gerne? Sagen wir es gemeinsam: Nein! Am Ende eines langen und anstrengenden Arbeitstages habe ich mir noch nie gedacht: „Au ja, ich kann es kaum erwarten, mich jetzt auch noch eine Stunde lang in die Küche zu stellen und ein Gericht zuzubereiten, das in fünf Minuten aufgegessen ist!“ Kochen macht mir wirklich keinen Spaß, aber ich kann es halt leider sehr gut.

(Insgeheim ist es mein Wunsch, dieses Kochbuch fortan meinen Freund*innen auszuhändigen und zu sagen: „Bitte kocht für mich! S. 36 würde mir heute gut schmecken. Dankeee!“)

Was ich damit sagen will: Ich möchte das Kochen nicht über-romantisieren. Ich werde euch in meinem Kochbuch nichts vormachen und mit Phrasen wie „Die Küche ist das Herz des Hauses!“ um mich werfen, während ich manisch lachend ein Salatdressing zubereite. Auch werde ich euch nicht meinen perfekt kuratieren Vorratsschrank zeigen (Spoiler-Alert: Ich habe keinen), clevere Vorschläge anbieten, was ihr mit euren Essensresten machen könnt (aufessen?), oder damit prahlen, dass ich mindestens einmal die Woche Dinner-Partys schmeiße, auf denen immer alles glattläuft. Ich bitte euch! Je mehr Leute ich aus meiner Wohnung fernhalten kann, desto besser. Ich hab gerne meine Ruhe.

Stattdessen möchte ich mit Kochbuch-Konventionen brechen und die kulinarische Scheinwelt ein bisschen aufs Korn nehmen. Man könnte also sagen, ihr haltet hier das ultimative Anti-Kochbuch in euren Händen, das zwar bei weitem nicht perfekt, dafür aber erfrischend ehrlich ist. Ein bisschen zu ehrlich sogar. So ehrlich, dass ihr euch denken werdet „Puh, ich wünschte, die Info hätte er ausgelassen!“

Weil ich gerne plappere, Witze mache und selten weiß, wann es genug ist, findet ihr in diesem Kochbuch natürlich nicht nur Rezepte, sondern auch kulinarische Anekdoten, kleine Listen und chaotisch-köstliche Erinnerungen aus meinem Leben. Denn ich sag's, wie's ist: Kochen ist anstrengend, macht meistens keinen Spaß und sieht selten so aus wie auf Instagram. Aber manchmal muss es halt sein, also lasst uns währenddessen doch zumindest über uns selbst lachen und das Beste daraus machen.

Ach ja, apropos Instagram: Natürlich spiegelt sich meine legere Attitüde zum Thema „kochen“ auch in den Essensfotos wider, die ihr in diesem Kochbuch finden werdet. Selbstredend habe ich alle Gerichte, die ihr hier abgelichtet seht, selbst gekocht und es war mir wichtig, sie so ungehübscht und authentisch wie möglich zu zeigen. Wer genau hinsieht, erkennt brennendes Backpapier, tropfende Sauce und dreckige Teller im Hintergrund. Wem ist denn geholfen, wenn ich mich in meinem Kochbuch ordentlicher präsentiere, als ich bin? Richtig: niemandem!

Na dann: Viel Spaß und frohes Kochen!
Euer Michi 🎀

Hier geht's zu meiner Küchen-Playlist

Was ich an Kochbüchern hasse 🤦

FRÜHSTÜCKS-KAPITEL

Niemand kann mir vormachen, dass er*sie regelmäßig frühstückt und dann auch noch aus 20 verschiedenen Rezepten auswählt und nicht einfach jeden Morgen dasselbe isst. So ideenreich diese Kapitel auch sein mögen: Ich werde mich nicht am frühen Morgen in die Küche stellen, um „Breakfast-Burritos" oder eine „Mangold-Soccata" zuzubereiten. Nach dem Aufwachen bereite ich mir höchstens einen pechschwarzen Kaffee zu und während ich langsam daran nippe, überlege ich, wann und wo ich mich das nächste Mal hinlegen kann.

VORRATSKAMMER-KAPITEL

in denen die Autor*innen damit prahlen, dass sie immer sieben verschiedene Pasta-Sorten zuhause und für den Notfall auch ein bisschen vorgeformten Keksteig im Gefrierschrank haben, falls spontan Gäste vorbeikommen. Okay? Ich freue mich, dass dein Kühlschrank und deine Vorratskammer besser sortiert sind als die meisten Supermärkte, aber für mich klingt das ein bisschen nach Angeberei. Für mich sind die Inhalte deiner Vorratskammer tatsächlich nur relevant, sollte ich mal bei dir einbrechen und spontan Lust darauf bekommen, mir ein Feinschmecker-Brot zu schmieren.

LANGWIERIGE ERKLÄRUNGEN DARÜBER,

„wie dieses Kochbuch funktioniert". Ähm … so wie jedes andere verdammte Kochbuch auf dieser Welt? Es sind ein paar Rezepte drin, die ich nachkochen kann? Oder soll ich die Seiten essen?

REZEPTE OHNE FOTOS

Die einzigen Rezepte aus Kochbüchern, die bei mir immer unerprobt bleiben, sind jene ohne Fotos. Ich verstehe schon, dass es aufwändig ist, diese Bilder zu machen, aber für mich, den Leser, ist es aufwändiger, mir auszumalen, wie ein „Entrecôte mit Kräuter-Rub" aussieht, wenn du kein Foto davon abdruckst! Am schlimmsten finde ich diese superprofessionellen Koch-Bibeln von Köch*innen aus der Spitzengastronomie, in denen zwar 400 Rezepte zu finden sind, aber kein einziges Foto. Nein, danke!

SCHWIERIG ZU FINDENDE ZUTATEN

Früher habe ich mir wirklich alles gefallen lassen: Wollte ein Kochbuchautor etwa von mir, dass ich für ein besonders gesundheitsbewusstes Rezept „glutenfreie Tortilla-Wraps" verwende, habe ich erst alle Bio-Supermärkte der Stadt abgeklappert, was – nebenbei bemerkt – ein absoluter Horror an sich ist. An keinem anderen Ort dieser Welt ist es okay, barfuß durch die Gänge zu flanieren und „Kumbaya" zu trällern, außer im Bio-Supermarkt. Außerdem verstehe ich nicht, warum in Bio-Supermärkten nie Musik läuft. Als wäre es nicht schon traurig genug, dass ich auf der Suche nach glutenfreien Tortilla-Wraps bin, muss ich das nun auch noch in absoluter Stille tun? Wie dem auch sei: Wenn ich die Wraps dann – surprise, surprise – nirgendwo gefunden habe, habe ich sie im Internet bestellt und oft wochenlang auf die Lieferung gewartet, ehe ich anfangen konnte, zu kochen. Nie wieder! Wenn ich eine Zutat nicht finde, substituiere ich heute einfach eine andere, die mir gerade in den Sinn kommt, und ich würde euch raten, das bei diesem Kochbuch auch so zu machen.

REZEPTE MIT ÜBERMÄSSIGEM AUFWAND

Sobald ein Arbeitsschritt als „optional" bezeichnet wird, mache ich ihn nicht. Am meisten hasse ich Rezepte, die am Anfang ganz normal klingen, ehe dir im dritten Schritt offenbart wird, dass du das Gericht nun mindestens 24 Stunden in den Kühlschrank geben musst. Excuse me? Wer hat 24 Stunden Zeit? Sicherlich nicht ich – meine Schwiegermutter, die ich hier gerade bekoche, kommt bereits heute Abend zu Besuch! Klar könnte man den Fehler bei mir suchen und argumentieren, ich hätte mir das Rezept einfach mal ganz durchlesen sollen, bevor ich zu kochen anfange, aber ich bitte euch! Macht euch nicht lächerlich; als würde ich mich hinsetzen und ein Kochbuch lesen als wäre es ein Jane-Austen-Roman.

GUCCI

Was ich am Kochen HASSE

1.

ES IST WIRKLICH NICHT SO GÜNSTIG, WIE DIE LEUTE IMMER TUN

Oft werde ich in meinem Umfeld verschmäht, weil es Phasen meines Lebens gibt, in denen ich dreimal am Tag essen gehe. „Michi, es wäre so viel günstiger, wenn du einfach kochen würdest!", sagen mir die Leute dann, aber da bin ich mir nicht so sicher. Habt ihr schon mal Olivenöl gekauft? Fleisch? Oder Gewürze? Klar: Vermutlich ist es auf Dauer günstiger, jeden Tag zu kochen und auf den Lebensmitteln, die man bereits zuhause hat, aufzubauen. Aber ich bin nun mal ein Freigeist, und so weit denke ich nicht. Von den wenigen Malen, als ich versucht habe, asiatische Gerichte zu kochen, will ich gar nicht erst anfangen. Ich möchte vor dem Lebensmittel-Einkauf wirklich keinen Kredit aufnehmen.

2.

ICH HABE EIN SCHLECHTES GEWISSEN, WENN ICH NICHT ALLES VERKOCHE

Oft kaufe ich einen ganzen Kürbis, brauche dann ein Viertel davon und verbringe die nächsten Wochen damit, ihm im Kühlschrank langsam beim Sterben zuzusehen. Klar könnte ich einfach auf Biegen und Brechen nur noch Kürbis kochen, bis er aufgebraucht ist, aber bitte macht euch nicht lächerlich. Ein Leben, in dem Kürbis eine wiederkehrende Rolle spielt, möchte ich nun wirklich nicht führen. Manchmal möchte ich einfach in den Supermarkt gehen und ein Ei, drei Stängel Petersilie und 15 Gramm Gouda kaufen. Geht das?

3.

ICH HASSE DIESEN KOCHGERUCH, DEN MAN OHNE ZWEIFEL IM GANZEN WOHNHAUS RIECHT

Während der Entstehung dieses Kochbuchs sind meine Nachbar*innen mit Sicherheit nicht selten an meiner Wohnungstür vorbeigegangen und haben sich gedacht: „Oje, der Buchinger kocht schon wieder, na, das kann ja heiter werden …". Als mein Partner Dominik und ich unsere Wohnung geplant haben, haben wir uns noch vorrangig vegetarisch ernährt und daher bewusst auf einen Dunstabzug über dem Herd (meiner Meinung nach immer das hässlichste Küchen-Element) verzichtet. Kurz darauf haben wir schlagartig unsere Ernährung umgestellt und lieben jetzt vor allem Fleisch, gerne auch frittiert. Wenn ich jetzt Schnitzel ausbacke, hängt dieser prägnante Duft tagelang in allen Räumen. Vielleicht ist es an der Zeit, einen Dunstabzug nachzurüsten.

4.

ES STRESST MICH

Wenn du beim Kochen auch nur kurz nebenbei auf Instagram scrollst, ist deine Sauce auch schon angebrannt und du kannst gleich wieder von vorne anfangen. Anders als das wunderbar formelhafte Backen ist mir das Kochen viel zu intuitiv; schlechte Neuigkeiten für einen Menschen wie mich, der einfach nicht über wahnsinnig viel Intuition verfügt. Erfahrene Köch*innen behaupten gerne, sie würden es „hören", wenn ihr Fleisch durchgebraten ist. Schön für euch. Also ich höre da nichts, außer meinen viel zu schnellen Stress-Herzschlag. Das sind nebenbei bemerkt dieselben Menschen, die dir – wenn du sie nach einem Rezept fragst – sagen, dass sie „einfach ein paar Zutaten zusammengeworfen" und sie für „ein bisschen" in den Ofen geschoben haben. Danke für nichts, Bianca.

5.

ICH GEHE NICHT SO GERNE EINKAUFEN

Supermärkte in der Stadt sind der Horror: Im 500-Meter-Radius meiner Wiener Wohnung gibt es sieben Supermärkte, und sie sind alle so schlecht sortiert, dass ich jeden einzelnen davon besuchen muss, um alle Zutaten zu bekommen, die ich brauche. Meine schmutzigste Fantasie ist, eines Tages aufs Land zu ziehen und dann mit meinem fetten SUV nur noch in diesen absoluten XXXL-Megamärkten einzukaufen, in denen du sowohl frischen Fisch als auch ein riesiges Flatscreen-TV bekommst. Dann fahre ich bequem in meine Jumbo-Garage und trage meine Einkäufe direkt in die angrenzende Küche. Man darf doch wohl noch träumen!

6. Leute, die gerne kochen, wirken einschüchternd auf mich und ich bin sicher, sie machen das mit voller Absicht

Letztens hat mir eine solche Person erklärt, dass ihr sechsjähriger Sohn zum Frühstück gerne „Yuzu Kosho Eier en cocotte“ isst; ein Gericht, bei dem mir gerade mal das Wort „Eier“ etwas sagt. Als ich gestand, dass ich keinen blassen Schimmer hatte, was das denn sein sollte, erntete ich nur ein müdes Lächeln. Eine meiner größten Sorgen beim Schreiben dieses Kochbuchs ist, dass ich vielleicht auch immer mehr so werde, je weiter ich in die Materie eintauche. Bald torkele ich irr brabbelnd und mit einem dieser überteuerten Stoffnetze unterm Arm über den Wochenmarkt und frage empört, warum es denn hier weder Broccolini noch Coconut Aminos gibt.

Was ich am Kochen *liebe*

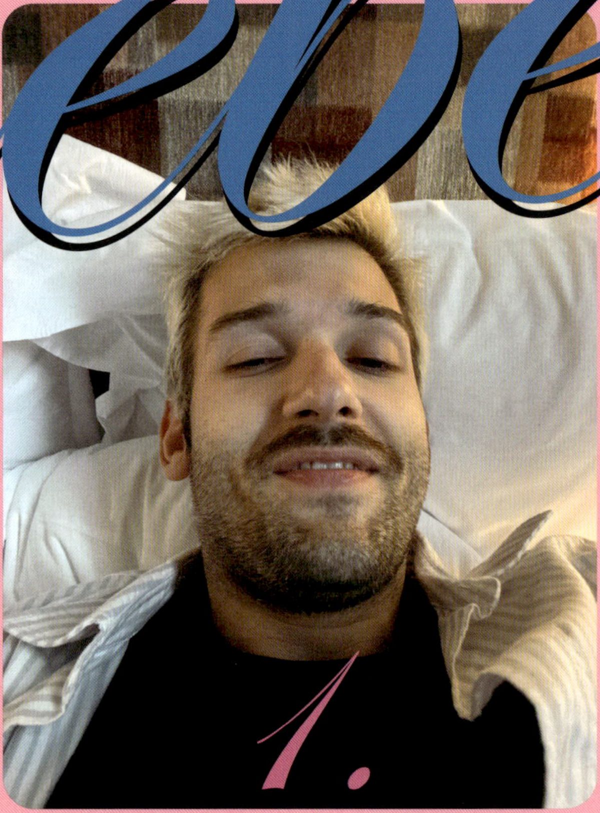

1.

MAN HAT DIE ABSOLUTE KONTROLLE

Es gibt immer wieder Phasen, in denen ich mich bewusster ernähre. Mindestens einmal im Jahr machen mein Freund und ich zum Beispiel eine Detox-Woche, in der wir auf gewisse Lebensmittel verzichten. Ehe ich mir die Blöße gebe, in ein Restaurant zu gehen und dem Kellner zu sagen: „Könnten der Koch meine Speise bitte ohne Milchprodukte, Gluten, Nachtschattengewächse, Soja, raffinierten Zucker, Meeresfrüchte, weißen Reis und übermäßig viel Öl zubereiten?", koche ich lieber selbst (vor allem aus Sorge, der Koch würde meinen Wunsch nicht beachten und stattdessen einfach in mein Essen spucken). Am Kochen liebe ich, dass ich (der es ja bekanntlich immer besser weiß) so viele Anpassungen an Rezepten vornehmen kann, wie ich will.

2.

ES GEHT SCHNELLER

Klar: Wenn man nie kocht und selbst für Nudeln mit Tomatensauce in den Supermarkt laufen muss, geht kochen natürlich nicht schneller. Was einem aber nie jemand sagt: Kochen wird erst so richtig gut, wenn man es oft macht und eine Routine entwickelt. Dann hat man vielleicht sogar einen reichlich gefüllten Vorratsschrank, mit dessen Inhalt man im Nu ein Mittagsgericht zubereiten kann, das schneller auf dem Tisch steht, als man die Webseite des Lieferservices aufgerufen hat.

3.

ES IST NACHHALTIGER

Wie gefühlt alle Menschen, die ich kenne, war auch ich ein Jahr lang Vegetarier, habe es dann irgendwann bleiben lassen und fortan behauptet, dass ich „nur selten" und meistens in Restaurants Fleisch esse und auch dann immer darauf achte, dass es gute Qualität hat, was – unter uns – eine blanke Lüge war. Als würde ich den gestressten Kellner im Restaurant dann auch noch fragen, ob mein Hähnchen eh ein glückliches Leben mit vielen Streicheleinheiten hatte. Ich bitte euch! Am Kochen liebe ich aber, dass ich ganz bewusste Entscheidungen bezüglich der Herkunft der Zutaten treffen kann. Ich achte dann auch darauf, weniger Verpackungsmüll zu produzieren, um zum Wohl des Planeten beizutragen und in meiner Instagram-Story behaupten zu können, dass ich nachhaltig lebe.

4.

ES IST EIN KREATIVES VENTIL

Schon während meiner Schulzeit haben mich die Leute gerne als „kreativ" bezeichnet, was ich damals bloß als Synonym für „hat zu viele Emotionen und weiß nicht ganz, wohin damit" verstanden habe. In der Tat liebe ich es aber, mich schöpferisch zu betätigen, und was könnte schöpferischer sein, als aus einem Berg roher Zutaten eine köstliche, warme Mahlzeit zuzubereiten? Manchmal lasse ich mich beim Kochen dann doch von meiner Intuition lenken, in der Hoffnung, ein neues Gericht zu erfinden, das mich zum Millionär macht. Zwar waren die dabei entstandenen „Nudeln mit Schokosauce" ein absoluter Reinfall, aber andere kulinarische Schöpfungen aus dem Hause Buchinger, wie etwa meinen berühmten Chipstoast, koche ich bis heute gerne.

5.

ICH KANN DABEI SUPER ENTSPANNEN

Es klingt so dumm, aber in meinem Alltag passiert es wirklich selten, dass ich mal für eine Stunde mein Handy weglege und etwas mit meinen Händen mache. Dahingehend liebe ich kochen: Ich drehe mir einfach eine gute Playlist oder einen Podcast auf, lege mein Handy zur Seite und konzentriere mich auf die Aufgabe vor mir. Dann bin ich entspannt und kriege als Belohnung auch noch was Gutes zu essen. Eine Win-win-Situation für alle Beteiligten, besonders aber für mich!

6.

ES IST EIN ZEICHEN DER WERTSCHÄTZUNG

Eine oder mehrere Personen zu bekochen ist für mich die ultimative Art und Weise, zu sagen: „Ich mag dich und ich möchte dich mit nährstoffreichen Lebensmitteln füttern, damit du mir hoffentlich noch lange erhalten bleibst!" Gleichzeitig kann es auch ein Zeichen der Selbstwertschätzung sein, für sich selbst zu kochen. Das habe ich nicht immer so gesehen: Habe ich früher für mich selbst gekocht, gab es maximal Nudeln mit Öl und Pfeffer, die ich direkt aus dem Topf gegessen habe; ein äußerst trauriges Gericht, das ich „Pasta alla Michi" getauft habe. Diese Tage sind zum Glück längst vorbei und heute liebe ich mich so sehr, dass ich nicht selten lange in der Küche stehe, um ein Drei-Gänge-Menü für mich selbst zuzubereiten. Das bin ich mir wert!

EIN PAAR ANMERKUNGEN

A.K.A. MEINE SCHRIFTLICHE ABSICHERUNG, FALLS EUCH DIE GERICHTE NICHT GELINGEN

CUPS

Wie euch sicherlich gleich auffallen wird, koche ich gerne mit Cups – also kleinen normierten Messbechern, die man meistens als Set im Küchenfachhandel kaufen kann. Das finde ich superpraktisch und erspare mir das (meines Erachtens nach) stressige Hantieren mit meiner digitalen Küchenwaage. Bei der wird schon langsam die Batterie leer, und leider handelt es sich um eine ganz spezielle Knopfbatterie, die ich nun wirklich nicht nachkaufen will. Wie dem auch sei: Mein Leben ist praktischer, seit ich mit Cups messe. Daher findet ihr in meinen Rezepten – wo es passend ist – auch Cups-Angaben. Natürlich kann ich nicht davon ausgehen, dass ihr alle ebenfalls zu Cups-Anhänger*innen werdet, also findet ihr auch ganz klassische Gewichtsangaben.

ZIMMER-TEMPERATUR & QUALITÄT

Ich möchte es nicht in jedem Rezept extra dazuschreiben, aber in der Regel sind alle Zutaten, die ich verwende (es sei denn, es ist im Rezept anders angegeben), bereits auf Zimmertemperatur gebracht. Wahrscheinlich ist die Temperatur meistens eher egal, aber spätestens im Backkapitel kann es passieren, dass gewisse Erzeugnisse nicht auf Anhieb klappen, wenn die Temperatur der Zutaten nicht stimmt. Selbstredend schaue ich auch darauf, dass meine Zutaten Bio-Qualität haben und alle Beteiligten – soweit ich das überprüfen kann – 24 Stunden am Stück nur glücklich waren!

IHR WISST ES SELBST AM BESTEN

Klar, das ist zwar mein Kochbuch, aber ich sehe mich hier trotzdem nur als wohlwollender Hobbykoch, der euch bei der Hand nimmt und euch zeigt, was ihm halt so schmeckt und wie er es zubereitet. Wenn ihr euch schon beim Durchlesen eines Rezepts denkt: „Puh, das ist aber ganz schön viel Käse", oder: „Hey, das würde sicher noch besser mit einer Prise Paprikapulver schmecken!", dann tut es einfach. Das ist ja das Schöne am Selbstkochen: Ihr müsst euch wirklich nicht an irgendwelche Regeln halten – meine Rezepte sind einfach lieb gemeinte Vorschläge.

NA DANN: LEGEN WIR LOS!

COMF
FOO
KOCH
MIT

Kapitel 1.

1. Klassischer Chipstoast
2. Gourmet-Chipstoast
3. Mac and Chips
4. Blue Cheese Burger
5. Chips-Omelett
6. Hühnerschnitzel alla Parmigiana
7. Pasta alla Wodka
8. Hendl auf Chips

ORT
D
EN
Chips

Ich hasse es ja, wenn Leute sagen, Essen sei so gut, dass sie sich „reinlegen“ könnten. Ähm, nein, bitte nicht! Warum würdest du so etwas Unhygienisches tun wollen, Tobias? Ich bereite unter mühevoller Schweißarbeit meine berühmten „Mac & Chips“ für dich zu und du willst dich in sie reinlegen? Bitte verlasse sofort mein Haus.

Aber ich gebe zu, dass es durchaus Gerichte gibt, die so ein wohlig-warmes Komfort-Gefühl in mir auslösen, dass ich sie am liebsten im Liegen (aber doch nicht darin liegend – wie ekelhaft!) zu mir nehmen würde. Bitte lasst euch jedoch nicht zu der törichten Annahme verleiten, dass ich Speisen wie diese jeden Tag esse. Ich konnte mich gerade noch davon abhalten, dieses Kapitel „Cheat Day“ zu nennen; würden Chips, Wodka und Käse die Basis der Michi-Buchinger-Ernährungspyramide bilden, würde ich vermutlich bald das Zeitliche segnen. Und das wäre schade, denn ich will ja wissen, wie Grey’s Anatomy ausgeht.

Wie dem auch sei! Hier findet ihr besondere Gerichte, die mir in stressigen Zeiten Komfort bieten. Ich bereite sie liebend gerne zu, wenn ich etwa von einer langen Reise nach Hause komme. Denn ganz ehrlich: Wenn ich von einer dreiwöchigen Comedy-Tour durch Deutschland zurück in meine Wohnung komme, mache ich mir ganz sicher keinen knackigen Salat. Dann muss es Pasta alla Wodka sein! Ich hoffe, dass euch mein Comfort Food genau so viel Freude bereitet wie mir. Viel Spaß beim Nachkochen. Aber bitte nicht reinlegen!

KLASSISCHER CHIPSTOAST

Am 23. August 2009 veröffentlichte ich „Kochen mit Michael“ – eines meiner ersten YouTube-Videos, in dem ich in der schlecht beleuchteten Küche meiner Eltern meinen selbst erfundenen „Chipstoast“ zubereite. Das Gericht ist leicht erklärt: Es ist Toast mit Chips. Das Video, welches eigentlich für mich und meinen (zu diesem Zeitpunkt aus zwei Leuten bestehenden) Freundeskreis gedacht war, hat überraschend über 100.000 Klicks erreicht, was für mich Grund genug ist, mein legendäres Chipstoast-Rezept auch hier mit euch zu teilen.

Zutaten

Für 1 Person

- 2 Scheiben Toastbrot
- 2 Scheiben Toastkäse, so orange wie möglich
- 50 g Paprikachips (ich bevorzuge Funnyfrisch Chipsfrisch, Sorte „Ungarisch“), grob zermörsert
- ein paar Tropfen Chilisauce (optional)

Rezept

1. Wir nehmen die Toastbrotscheiben und geben auf jede dieser Scheiben 1 Scheibchen Käse.

2. Nun verteilen wir unsere grob zermalmten Chips gleichmäßig auf den Toastbrotscheiben. Dann ist Fingerfertigkeit gefragt, da wir nun unsere beiden Brote zusammenklappen müssen. Die Chips, die dabei danebengehen, könnt ihr einfach naschen, als köstlichen Snack für zwischendurch, bevor unser eigentlicher Snack fertig ist.

3. Abschließend kommt unsere Speise für einige Minuten in ein Gerät, das ich liebevoll als „Klemm-Toaster“ bezeichnen würde. Das fertige Gericht kann schließlich bei einer Folge „Golden Girls“ gemütlich vor dem Fernseher genossen werden. Mein Tipp: Chilisauce ist optional, schmeckt allerdings phänomenal.

Gourmet-Chipstoast

Die Leute fragen mich gerne, ob mir die YouTube-Videos aus meiner Jugend (wie das mit dem Chipstoast) nicht peinlich wären, und zwar mit einem Unterton, der suggeriert, dass ich mich für mein 16-jähriges Ich in Grund und Boden schämen sollte. Aber wenn ich ehrlich bin, tue ich das kein bisschen. Ich stehe dazu, wie ich früher war, kann aber nicht leugnen, dass ich mich seitdem (Gott sei Dank!) weiterentwickelt habe. So erscheint es mir nur richtig, auch meinem Chipstoast einen modernen Gourmet-Spin zu verleihen.

Zutaten

Für 2 Personen
4 EL Butter
500 g Zwiebeln, in dünne Scheibchen geschnitten
Salz
Pfeffer
115 g (1 Cup) Gruyère, gerieben
50 g Paprikachips, grob zermörsert
4 Scheiben Sauerteigbrot

Tipp

Sofort genießen, von mir aus auch mit einem knackigen Salat als Beilage, wenn's denn sein muss.

Rezept

1. In einer großen Pfanne lassen wir bei mittelhoher Hitze 2 EL Butter schmelzen und geben die Zwiebeln dazu, die wir sofort mit Salz und Pfeffer würzen. Wir decken die Pfanne ab und lassen die Zwiebeln anschwitzen, bis sie weich sind. Sicherheitshalber könnt ihr ein, zwei Mal umrühren, man weiß ja nie.

2. Dann nehmen wir den Deckel ab, reduzieren die Hitze auf mittel bis niedrig und lassen die Zwiebeln 25 Minuten karamellisieren, bis sie so richtig schön golden sind. Wir geben sie in eine mittelgroße Schüssel und würzen sie nochmal gut nach Geschmack.

3. Jetzt geben wir den geriebenen Käse sowie unsere Paprikachips zu den Zwiebeln dazu und vermengen sie gut. Dann nehmen wir 2 Sauerteigbrot-Scheiben und verteilen jeweils die Hälfte unserer köstlichen Käse-Zwiebel-Chips-Mischung darauf. Wir legen die anderen beiden Brotscheiben obenauf und pressen die Brote behutsam zusammen.

4. In einer Grillpfanne lassen wir 1 EL Butter bei mittlerer Hitze zerschmelzen und braten die Chipstoasts 3 bis 4 Minuten lang an, bis die Unterseite goldbraun ist. Dann geben wir den verbleibenden 1 EL Butter dazu, drehen die Toasts um, drücken sie einmal kräftig nach unten und braten sie an, bis der Käse vollständig zerschmolzen und auch diese Seite schön goldbraun ist, das dauert wieder so 3 bis 4 Minuten.

ZOUT
SEL

MAC AND CHIPS

Ähnlich wie manche Künstler ihre „blaue Phase“ hatten, hatte ich als Jugendlicher definitiv meine „Chips-Phase“, in der ich die meisten Dinge, die ich gekocht habe, mit einer Handvoll Chips verfeinert habe. Schnell sollte ich lernen, dass Schokobrownies mit Chips leider absolut ungenießbar sind. Meine „Mac and Chips“ dagegen haben den Test der Zeit bestanden und ich koche sie bis heute sehr gerne. Pasta, Käse, Chips – was kann man daran bitte nicht mögen?

Zutaten

Für 6 Personen
500 g Makkaroni
3 EL Butter
30 g (¼ Cup) Mehl
500 ml (2 Cups) Vollmilch (Zimmertemperatur)
200 g (2 Cups) weißer Cheddar, grob gerieben
200 g (2 Cups) Gruyère, grob gerieben
2 EL Worcestershiresauce
100 g Paprikachips, grob zermörsert

Für das Topping
50 g (⅓ Cup) Semmelbrösel
50 g Paprikachips, grob zerbröselt
Salz
Pfeffer
50 g (½ Cup) weißer Cheddar, grob gerieben

Rezept

1. Die Makkaroni kochen wir so, wie es auf der Verpackung steht. Dann lassen wir sie abtropfen, spülen sie unter kaltem Wasser ab und stellen sie beiseite. Dann heizen wir den Ofen auf 200 Grad Ober-/Unterhitze vor.

2. Jetzt machen wir die Sauce, indem wir die Butter in einen Topf geben und bei mittlerer Hitze schmelzen lassen. Wenn sie geschmolzen ist, rühren wir das Mehl fleißig ein, ca. 4 Minuten lang. Dann geben wir nach und nach unter ständigem Rühren die Milch hinzu. Wenn die gesamte Milch im Topf ist, rühren wir weiter, bis die Sauce kocht. Wehe, ihr lasst die Sauce anbrennen! Nun reduzieren wir die Temperatur und lassen die Sauce köcheln, bis sie schön eindickt, ca. 5 Minuten lang.

3. Wir nehmen den Topf vom Herd und lassen die Sauce 5 Minuten ruhen. Als Nächstes fügen wir unsere beiden geriebenen Käse der Sauce hinzu und rühren um, bis sie geschmolzen sind. Dann geben wir die Worcestershiresauce und die zermörserten Chips rein. An dieser Stelle habt ihr die Gelegenheit, die Sauce nach Belieben mit Salz und Pfeffer zu würzen, ehe wir die Makkaroni hinzufügen und alles vermengen.

4. Diese köstliche Mischung geben wir in eine ofenfeste Form (ich verwende dafür eine rechteckige Form mit den Maßen 20 x 30 cm) und glätten die Oberfläche. In einer kleinen Schüssel vermengen wir fürs Topping die Semmelbrösel, die restlichen Chips und den geriebenen Käse miteinander. Diese Mischung verstreuen wir über unseren Nudeln, ehe wir das Gericht für 30 bis 35 Minuten in den Ofen geben. Dann nehmen wir es raus und lassen es – auch wenn das euch sicher schwerfällt – vor dem Servieren 10 Minuten ruhen.

BLUE CHEESE BURGER

Burger Night im Hause Buchinger ist immer ein ganz besonderer Abend, zu dem ich auch gerne mal meinen halben Freundeskreis einlade. Dann schneide ich einfach nur die Zutaten auf, mache die Burgerpattys und lasse meine Gäste ihren Burger selbst bauen. Das finden immer alle irrsinnig aufregend und ich glaube, sie checken gar nicht, dass ich sie mehr oder weniger zwinge, selbst zu kochen. Win-win!

Zutaten

Für 4 Personen

- 3 EL Olivenöl
- 4 frische Rosmarinzweige
- 2 mittelgroße rote Zwiebeln, in dünne Halbmonde geschnitten
- 1 TL Salz
- 700 g Rinderhackfleisch
- ½ TL schwarzer Pfeffer
- 120 g (1 Cup) Blauschimmelkäse, zerbröckelt
- 4 Hamburgerbrötchen
- 8 Salatblätter (gerne von Salatherzen)

Rezept

1. In einer großen Pfanne erhitzen wir 1,5 EL Öl bei mittlerer Hitze und braten darin die Rosmarinzweige knusprig, etwa 1 Minute lang. Bitte nicht die Finger verbrennen und lieber mit einer Küchenzange die Zweige auf ein Stück Küchenpapier transferieren, auskühlen lassen und dann die knusprigen Nadeln abzupfen.

2. Zeit, zu karamellisieren! Jetzt geben wir die roten Zwiebeln mit ¼ TL Salz in die Pfanne. Kurz umrühren, Deckel drauf und 7 bis 8 Minuten garen lassen, bis sie anfangen, weich zu werden. Dann nehmen wir den Deckel ab und kochen die Zwiebeln für weitere 7 bis 8 Minuten, bis sie weich und karamellisiert sind. Wir nehmen die Pfanne weg von der Hitze und mengen den Zwiebeln die Rosmarinnadeln bei.

3. Wir heizen den Ofen auf 200 Grad Ober-/Unterhitze vor und formen unser Rinderhackfleisch in 4 gleich große Pattys. Sie sollten in etwa 2 cm dick sein. Auf beiden Seiten reiben wir nun die Pattys mit Pfeffer und dem restlichen Salz ein.

4. Jetzt nehmen wir eine andere Pfanne (oder dieselbe wie vorher und waschen sie gut aus) und braten die Pattys in 1,5 EL Öl bei mittlerer Hitze für 5 bis 6 Minuten pro Seite, bis eine schöne, dunkelbraune Kruste entsteht.

5. Die gebräunten Rinderpattys geben wir auf ein Backblech und verteilen gleichmäßig den Blauschimmelkäse darauf, ehe wir das Ganze für 2 bis 3 Minuten in den Ofen schieben, damit der Käse schmilzt. Gleichzeitig braten wir für den ultimativen Genuss in einer Pfanne die Innenseiten der Burger-Buns leicht an.

6. Jetzt wird's lustig, denn wir dürfen unsere Burger zusammenstellen, indem wir Buns, Pattys, Salat sowie Zwiebeln und Rosmarin kombinieren.

Lasst mich eure Kreativität nicht eindämmen: Ihr könnte gerne auch Tomaten, Gurken oder was immer ihr wollt, reingeben. Im Endeffekt ist es euer Burger!

CHIPS-OMELETT

Als jemand, der die meiste seiner Zeit fernschauend auf dem Sofa verbringt, habe ich mit großem Vergnügen die Serie „The Bear" rund um einen jungen Gourmet-Koch gesehen. Ähnlich wie das halbe Internet erwische ich mich oft dabei, nach dem Hauptdarsteller zu lechzen. In der zweiten Staffel trat er für mich jedoch in den Hintergrund, denn ich hatte nur noch Augen für das fabelhafte Chips-Omelett, das eine der Figuren einmal zubereitete. Ich konnte nur noch an diese köstliche Kreation denken, sodass ich mir ein Rezept dafür überlegt habe, das – wenn ich das so sagen darf – meine Erwartungen übertroffen hat.

Zutaten

Für 1 Person

Für die Füllung

- 100 g (½ Cup) Doppelrahmfrischkäse
- 1 EL weiche Butter
- ½ EL Dill, gehackt
- ½ EL Schnittlauch, gehackt
- ½ EL Petersilie, gehackt
- Salz
- Pfeffer
- 15 g Parmesan, gerieben

Für das Omelett

- 1 EL Butter
- 3 Eier
- Salz
- Pfeffer

Für das Topping

- ein bisschen Butter
- Meersalz
- 1 EL Schnittlauch, gehackt
- 30 g Riffle-Chips, zerkrümelt

Rezept

1. Wir beginnen, indem wir unsere Käse-Füllung machen. Ein Omelett aus 3 Eiern mit Käse-Füllung und Chips-Topping? Das kann nur gut werden! Dafür vermengen wir alle Zutaten aus der „Füllung"-Kategorie mit einem Standmixer, bis sie eine homogene Masse ergeben. Easy!

2. Für das Omelett erhitzen wir 1 EL Butter bei niedriger Hitze in einer Pfanne. In einer Schüssel verquirlen wir unterdessen unsere Eier – salzen und pfeffern nicht vergessen! Sobald die Butter geschmolzen ist, kommen die Eier in die Pfanne und werden dort gleichmäßig verteilt.

3. Wenn ihr das Gefühl habt, dass das Omelett allmählich fest wird, nehmt es von der Hitze und verteilt die Käsemischung im mittleren Drittel des Omeletts. Das geht am besten mit einem Dressiersack, ihr könnt es aber auch behutsam mit einem Teigschaber oder einem Löffel machen. Ja nicht zu voll machen; falls etwas von der Käsemischung übrig bleibt – was vermutlich der Fall sein wird –, eignet sie sich herrlich als Dip für langweilige Gemüsesticks! Nun verschließen wir das Omelett, indem wir erst den untere Teil über die Käsefüllung fallen und dann den oberen Teil nach unten falten. You can do it!

4. Wir stürzen das Omelett kopfüber aus der Pfanne auf einen Teller und reiben es nochmal mit ein bisschen Butter ein, ehe wir ein bisschen Meersalz, den Schnittlauch und nicht zuletzt unsere Chips obendrauf verteilen. Geil!

HÜHNERSCHNITZEL ALLA PARMIGIANA

Dieses Gericht, umgangssprachlich gerne „Chicken Parm" genannt, kenne ich von meinen Reisen in die USA. Dort isst man das sehr gerne, und ich werde den Eindruck nicht los, manche Amerikaner*innen denken, Chicken Parm sei das italienische Nationalgericht, dabei ist es amerikanisch-italienischer Herkunft. Mir schmeckt's jedenfalls, und daher drücke ich in Sachen Authentizität gerne mal ein Auge zu.

Zutaten

Für 4 Personen
4 Hühnerbrustfilets ohne Haut
60 g (½ Cup) Mehl
3 große Eier
180 g (1 Cup) Semmelbrösel
¼ TL schwarzer Pfeffer
¼ TL Paprikapulver
50 g (½ Cup) Parmesan, gerieben
60 ml (¼ Cup) Olivenöl, bei Bedarf auch mehr
einige EL Michis schnelle Tomatensauce (S. 134)
250 g Mozzarella

Rezept

1. Wir heizen den Ofen auf 220 Grad Ober-/Unterhitze vor und legen die Hühnerbrustfilets auf ein Schneidebrett. Damit die Schnitzel schön dünn werden, müsst ihr den „Schmetterlingsschnitt" machen, den ich euch in diesen Zeilen wirklich nicht erklären kann. Schaut euch einfach ein YouTube-Tutorial an. Ihr schafft das!

2. Wir legen die Schnitzel auf Backpapier und bedecken sie auch mit Backpapier, denn wir werden sie jetzt noch dünner machen, indem wir sie klopfen. Vielleicht habt ihr einen Fleischklopfer zuhause. Ich habe sowas natürlich nicht und verwende ein Nudelholz. Schlagt auf die Schnitzel ein, bis sie ca. 0,5 cm dick sind.

3. Wir geben das Mehl auf einen großen Teller und verquirlen in einer Schüssel die Eier. Auf einem weiteren Teller mischen wir Brösel, Pfeffer, Paprika, Parmesan.

4. Ran an die Arbeit! Wendet jedes Schnitzel sorgfältig im Mehl, gebt es dann in die Eier-Schüssel und wälzt es abschließend in der Brösel-Parmesan-Mischung, ehe ihr es auf Backpapier platziert und mit Backpapier bedeckt.

5. Jetzt finde ich es sehr befriedigend, behutsam mit dem Nudelholz über die Schnitzel zu rollen, damit sich der Parmesan so richtig in das Fleisch bohrt. Ich bin nicht böse, wenn ihr diesen Schritt auslasst, aber ich finde ihn sehr meditativ.

6. In einer Pfanne erhitzt ihr das Öl auf mittlerer Temperatur und legt die Schnitzel vorsichtig hinein. Wahrscheinlich haben 2 Schnitzel gleichzeitig Platz. Bratet sie 3 bis 4 Minuten, bis die Unterseiten goldbraun sind, dann dreht sie um, um sie auf der anderen Seite nochmal 2 bis 3 Minuten zu frittieren. Die fertigen legt zum Abtropfen auf Küchenpapier.

7. Jetzt gebt eure Schnitzel in eine Ofenform und verteilt Tomatensauce darauf. Den Mozzarella schneidet in Scheiben und legt sie über die Schnitzel, ehe sie für 15 Minuten in den Ofen kommen. Sofort genießen!!!

Pasta alla Wodka

Wenn ich mir aussuchen müsste, was meine letzte Mahlzeit auf Gottes schöner Erde sein sollte, würde ich mich ohne lange zu überlegen für Pasta alla Wodka entscheiden. Bis man sie einmal probiert hat, kann man sich diesen Geschmack wirklich nicht vorstellen. Nudeln in einer samtig-weichen Sauce, die meine zwei größten Leidenschaften vereint: Käse und Wodka. Wenn die Wodka-Flasche schon draußen ist, kann man auch gleich einen Martini (S. 121) zubereiten, warum auch nicht?

Zutaten

Für 4 Personen

- 500 g röhrenförmige Pasta (Rigatoni oder Penne)
- 3 TL Salz
- 3 Knoblauchzehen, fein geschnitten
- 1 getrocknete Chilischote, zerbröselt, oder ½ TL Chiliflocken
- 80 ml (⅓ Cup) Wodka
- 2 Dosen ganze Tomaten à 400 g
- 120 ml (½ Cup) Sahne
- 50 g (½ Cup) Parmesan, gerieben, plus Parmesan zum Bestreuen
- Basilikumblätter (optional)

Rezept

1. In einem großen Topf kochen wir die Pasta, mit viel Wasser und 2 TL Salz. Pastawasser sollte eh immer gut gesalzen sein, aber für diese feurige Pasta ist es mir besonders wichtig, daher erwähne ich es explizit! Die gekochte Pasta lassen wir in einem Nudelsieb abtropfen und stellen sie beiseite.

2. In einer großen Pfanne (in die soll am Schluss auch die Pasta rein) erhitzen wir das Olivenöl bei mittelhoher Hitze und geben Knoblauch sowie Chili dazu. Unter ständigem Rühren kochen wir die Mischung etwa 30 Sekunden lang, bis sie herrlich duftet.

3. Jetzt geben wir den Wodka dazu. Pflichtbewusst, wie ich bin, sage ich euch, dass ihr den Wodka in der Pfanne mehr oder weniger verkochen lassen solltet. Es sei denn, ihr wollt einen kleinen Schwips von eurer Pasta bekommen (die Antwort lautet immer ja).

4. Nun geben wir die Tomaten und den restlichen TL Salz in die Pfanne. Wir lassen unsere Sauce aufkochen und zerstoßen dabei die Tomaten mit einem Holzkochlöffel. Dann reduzieren wir die Hitze auf mittlere Stufe und lassen die Sauce ca. 10 Minuten vor sich hin blubbern, bis sie etwas dicker wird. Dann geben wir die Sahne dazu und lassen die Sauce 2 weitere Minuten in der Pfanne köcheln.

5. Abschließend geben wir die Pasta und den Parmesan in die Pfanne und rühren einige Mal kräftig um, bis die Nudeln gut eingedeckt sind und der Käse geschmolzen ist. Gourmets geben nun ein paar Basilikumblätter in die Pfanne, ehe unser Gericht mit noch mehr Parmesan serviert wird. Geil!

HENDL AUF CHIPS

Wenige Lebensmittel geben mir so viel Komfort wie ein ganzes Huhn. Ich liebe es, am Anfang des Wochenendes eines zuzubereiten und dann tagelang davon zu zehren. Lange habe ich an dem perfekten Rezept getüftelt und ich glaube, mit diesem hier habe ich es endlich gefunden. Es ist nicht ganz unaufwändig, weil man das Huhn – während es im Ofen ist – immer im Blick behalten und hie und da mit einer Buttermischung beträufeln sollte, aber den Aufwand ist es wert. Mit Chips serviert katapultiert euch dieses Huhn in den Comfort-Food-Himmel. Ihr müsst es ausprobieren!

Zutaten

Für 4 Personen

- 1 Hühnchen (Raumtemperatur)
- 3 EL Olivenöl
- 6 EL weiche Butter
- 60 ml (¼ Cup) trockener Weißwein
- ½ Zitrone
- 4 Knoblauchzehen, zerdrückt
- Salz
- Pfeffer
- 1 Knoblauchknolle, grob geschält und waagerecht in der Mitte durchgeschnitten
- 3 Rosmarinzweige
- 1 Packung Rifflechips

Rezept

1. Wir heizen den Ofen auf 220 Grad Ober-/Unterhitze vor und legen ein Backblech mit Alufolie aus. Falls euch das zu funky ist, könnt ihr auch eine kleine Form leicht einfetten und das Huhn darin machen.

2. Sicherheitshalber sollten wir überschüssiges Fett und verbliebene Federn vom Huhn entfernen, es gut waschen und mit Küchenpapier trocken tupfen. Das finde ich immer mühsam, muss aber sein!

3. Nun vermischen wir das Olivenöl, die weiche (aber bitte nicht flüssige) Butter, den Wein, den Saft der halben Zitrone und die 4 zerdrückten Knoblauchzehen und reiben das Huhn damit ein, nämlich innen, außen und unter der Haut. Ein wahrlich gruseliges Gefühl. Wenn euch von dieser Mischung etwas übrig bleibt: Umso besser! Wir brauchen sie für später.

4. Wir würzen das Huhn großzügig außen und innen mit Salz und Pfeffer.

5. Danach stopfen wir die Knoblauchknolle in das Innere des Hühnchens, zusammen mit den Rosmarinzweigen und der ausgepressten Zitronenhälfte und binden die Hühnerbeine mit Küchengarn zusammen. Ich geb's ja zu: Ich hab nicht immer Küchengarn zuhause (peinlich, ich weiß!) und nehme dann einfach normales Garn. Ich möchte nur nicht schuld sein, falls eure Küche abbrennt.

6. Jetzt geben wir das Huhn mit der Brust nach oben auf das Backblech oder in die Bratform und schieben es für 1 Stunde und 15 Minuten in den Ofen (oder länger oder kürzer, je nach Größe eures Tiers; sorry für die ungenauen Angaben, aber euer sechster Hühnchen-Sinn wird euch schon sagen, wann es fertig ist!). Auf jeden Fall wäre es für die ultimative Knusprigkeit toll, wenn ihr bei der Hälfte der Garzeit noch ein bisschen unserer Buttermischung von vorher über das Huhn träufelt (kann auch geschmolzene Butter vom Blech sein). Denselben Prozess wiederholen wir am Schluss: Noch ein bisschen Buttermischung oben auf das Huhn geben und 2 bis 3 weitere Minuten ab in den Ofen, bis es goldbraun ist. Mit Chips servieren.

SCHNELLE KÜCHE

Kapitel 2.

Michi Express

Am liebsten hätte ich ja ein Leben wie diese Köchinnen, die man aus dem Fernsehen kennt. Dann hätte ich den ganzen Tag lang nichts zu tun und würde meinem imaginären TV-Publikum augenzwinkernd erklären, dass ich mir jetzt einen gesunden Lunch zubereite, während ich völlig entspannt über den Gemüsemarkt schlendere und eine Avocado nach der nächsten begrapsche. „Vielleicht kommen später noch meine Mädels auf Drinks vorbei!", sage ich dann und packe noch ein paar saftige Limetten für Margaritas in meine trendige Netztasche, während ich manisch lache.

Leider muss ich euch sagen, dass mein Alltag dem der TV-Köchinnen ferner nicht sein könnte. Da ich gefühlt sieben verschiedene Standbeine habe, gibt es Phasen meines Lebens, in denen ich mich während einer Deutschland-Tournee entweder von Weißbrot-Sandwiches aus dem Bahnhofs-Shop oder gar von Trinkmahlzeiten ernähre; beides nicht ideal, wenn ihr meinen Verdauungstrakt fragt. Dabei ist eine ausgewogene Ernährung doch besonders in Zeiten des Stresses von Vorteil.

Zum Glück habe ich über die Jahre ein paar Gerichte gefunden, die mir gut schmecken, schnell gemacht sind und mir nicht tagelang im Magen liegen. In diesem Kapitel findet ihr Rezepte, die minimale Zubereitungszeit benötigen. Am längsten dauert oft die Zeit, die unsere Zutaten im Ofen verbringen; für mich eine willkommene Verschnaufpause mitten im stressigen Alltag, in der ich endlich durchatmen und von einem liederlichen TV-Koch-Leben träumen kann ...

Auberginen-Tarte

Ich weiß, was ihr sagen werdet: „Michi, was ist daran bitte schnell, wenn dieses Gericht eine halbe Stunde lang in den Ofen muss?" Okay, bitte regt euch wieder ab. Ähnlich wie bei anderen Mahlzeiten aus diesem Kapitel ist hier vor allem die Zubereitung schnell. Hastig kann ich die Zutaten zusammenwürfeln, ehe ich sie in den Ofen schiebe und währenddessen hyper-produktiv E-Mails schreibe, oder – seien wir ehrlich – auf dem Sofa liege und eine Folge einer Reality-Show schaue.

Zutaten

Für 4 Personen

- 2 Auberginen à ca. 300 g
- 100 ml (½ Cup) Olivenöl plus Olivenöl zum Beträufeln
- Salz
- Pfeffer
- ca. 320 g runder Blätterteig aus der Packung, fertig ausgerollt
- 1 kleines Ei, leicht verquirlt
- 8 EL Tomatenmark
- 2 Knoblauchzehen, gehackt
- 2 TL getrocknetes Basilikum
- 1 getrocknete Chilischote, zerbröselt, oder ½ TL Chiliflocken
- ca. 150 g (½ Cup) Feta
- 1 Handvoll Basilikumblätter

Rezept

1. Wir heizen den Ofen auf 220 Grad Ober-/Unterhitze vor.

2. Dann schneiden wir die Enden der Auberginen ab und schneiden die Auberginen längs in dünne Scheiben. Wir bestreichen die Scheiben großzügig mit Olivenöl und würzen sie leicht auf beiden Seiten.

3. Jetzt geben wir sie in die Pfanne, bis sie zart und leicht angebraten sind.

4. Im nächsten Schritt breiten wir den Blätterteig auf einem Blech mit Backpapier aus und verwenden ein kleines Messer, um einen Rand von 1 cm rundherum in den Teig zu ritzen. Dann stechen wir den inneren Teig mit einer Gabel ein, um zu verhindern, dass er sich aufbläht. Denn offenbar ist dieser Teig wie ich und bläht sich schnell auf.

5. Nun bestreichen wir den Rand behutsam mit dem Ei.

6. Wir vermischen Tomatenmark, Knoblauch, getrocknetes Basilikum und die getrocknete Chilischote in einer kleinen Schüssel und verteilen dieses Gemisch auf dem Teig, wobei wir den Rand tunlichst vermeiden.

7. Jetzt ist Kreativität gefragt, denn wir verteilen die Melanzani-Scheiben möglichst ästhetisch auf unserem Teig und zerbröseln dann den Feta darüber. Zum Schluss würzen wir mit Salz und Pfeffer.

8. Das Ganze geben wir für 25 bis 30 Minuten in den Ofen, bis die Tarte schön goldbraun ist, und legen dann Basilikum obendrauf. Mir macht es besonders viel Spaß, die fertige Tarte mit einer Küchenschere zu zerschneiden (jede Schere kann eine Küchenschere sein, wenn man genug Fantasie hat). Guten Appetit!

Kichererbsen-Karotten-Gericht

Rezept

1. Wir heizen den Ofen schon mal auf 220 Grad Ober-/Unterhitze vor. Dann geben wir die Kichererbsen in ein Sieb, lassen sie abtropfen, spülen sie gut ab und trocknen sie mit einem Stück Küchenpapier ab.

2. Wir geben die Karotten und die Kichererbsen auf ein Backblech und beträufeln sie gleichmäßig mit Olivenöl.

3. In einer kleinen Schüssel vermengen wir den Kreuzkümmel, das Paprikapulver, den Cayennepfeffer und das Salz miteinander. Dann verteilen wir diese Mixtur über unseren Karotten und Kichererbsen. Ihr könnt sie ruhig ein bisschen sinnlich einmassieren, sofern ihr euch danach die Hände gut wascht. Nun schieben wir das Backblech für 35 Minuten in den Ofen, bis die Karotten schön weich sind.

4. Für das Topping vermengen wir in einer kleinen Schüssel den Zitronensaft, das Salz, den Pfeffer und das Olivenöl zu einer Vinaigrette, ehe wir die Frühlingszwiebeln, die Petersilie und den Feta dazugeben.

5. Das heiße Gemüse verteilen wir auf Tellern und garnieren es mit dem Topping. Super!

Wenn das Corona-Jahr 2020 einen Geschmack für mich hätte, dann wäre es definitiv dieses Kichererbsen-Karotten-Gericht, das ich damals öfter zubereitet habe, als ich in diesen Zeilen zugeben möchte. Ich glaube, es liegt daran, dass es zum Großteil aus Zutaten besteht, die ich immer zuhause habe. Nur für die Karotten muss ich meistens in den Supermarkt huschen und das schaffte ich selbst, als ich dachte, ich würde krank werden, wenn ich mich anderen Menschen auf näher als 30 Meter näherte. Hach, Memories! Dieses Gericht schmeckt zum Glück auch, wenn Miss Rona (wie ich Corona liebevoll nenne) nicht gerade um die Welt tourt.

Zutaten

Für 4 Personen

Für die Basis

- 400 g Kichererbsen aus der Dose
- 750 g dünne Karotten – notfalls schneidet sie längs durch
- 2 EL Olivenöl
- 1 TL Kreuzkümmel, gemahlen
- ½ TL Paprikapulver
- ¼ TL Cayennepfeffer
- ½ TL Salz

Für das Topping

- 3 EL Zitronensaft, frisch gepresst
- ¼ TL Salz
- 1 Prise Pfeffer
- 2 EL Olivenöl
- 2 Frühlingszwiebel, dünn geschnitten (bitte den dunkelgrünen Teil weglassen)
- 3 EL Petersilie, gehackt
- 150 g (½ Cup) Feta, zerkrümelt

BUDDHA MATCHES

Heilbutt en Papillote

„En Papillote" ist einfach nur die fancy französische Art und Weise, „im Backpapier-Päckchen" zu sagen, was leider nur halb so sexy klingt. Nicht nur macht es riesigen Spaß, dieses Gericht auszusprechen; nein, es schmeckt auch fantastisch und ist eines dieser Mittagessen, die man einfach nur kurz vorbereiten und dann in den Ofen schieben muss, während man geistesabwesend auf Instagram scrollt. Wer will, kann dazu noch eine weitere Beilage servieren. Der Blumenkohl-Reis aus meinem Lachspattys-Rezept (S. 80) würde sich gut dafür eignen. Und wenn es besonders schick aussehen soll: mit Fenchelgrün, Dill o.Ä. dekorieren!

Für 2 Personen

- 2 mittelgroße Kräuterseitlinge, dünn geschnitten
- 2 Heilbuttfilets ohne Haut
- grobes Meersalz
- Pfeffer
- ½ TL Zitronenzesten
- ½ TL frischer Ingwer, gerieben
- 2 Frühlingszwiebeln, dünn geschnitten
- 1 TL Coconut Aminos (wenn ihr das nicht finden könnt, verwendet Tamari; nur wenn ihr weder Aminos noch Tamari auftreiben könnt, finde ich hier Sojasauce okay)
- ½ TL Sesamöl
- 1 Zitrone, in Scheiben geschnitten

Rezept

1. Wir heizen den Ofen auf 200 Grad Ober-/Unterhitze vor und bereiten 2 Stück Backpapier vor.

2. Die geschnittenen Pilze platzieren wir jeweils im unteren Drittel der Backpapier-Bögen. Dann würzen wir die Heilbuttfilets mit Salz und Pfeffer (bitte nicht sparsam sein – sie können einen Gewürz-Kick vertragen!) und legen sie auf die Pilze.

3. In einer kleinen Schüssel vermengen wir die Zitronenzesten, den Ingwer, die Frühlingszwiebeln, Coconut Aminos und das Sesamöl. Dann träufeln wir diese Mischung gleichmäßig über die Fischfilets und drapieren die Zitronenscheiben darüber.

4. Jetzt ist Bastel-Time! Wir falten die obere Hälfte der Backpapier-Bögen nach unten, über den Fisch, und knüllen dann die Ränder zusammen, sodass kleine Päckchen entstehen, aus denen keine Flüssigkeit nach außen dringen kann. Da ist ein bisschen Fingerfertigkeit gefragt, aber ihr schafft das! Die Päckchen schieben wir nun für 15 Minuten in den Ofen.

5. Wir holen die Päckchen aus dem Ofen und legen sie auf Teller. Beim Öffnen des Backpapiers seid bitte vorsichtig, da heißer Dampf daraus aufsteigt.

Kabeljau in Tomatensauce

Zutaten

Für 2 Personen
2 EL Olivenöl
3 Knoblauchzehen, durchgepresst
400 g kleine Kartoffeln, geschält in ca. 0,5 cm dicke Scheiben geschnitten
120 ml (½ Cup) trockener Weißwein
1 Dose stückige Tomaten à 400 g
½ TL Paprikapulver, gerne auch rauchiges
Salz
Pfeffer
1 getrocknete Chilishote
ca. 700 g Kabeljau – ich nehme gerne gefrorene Filets und lasse sie vor der Zubereitung auftauen
Saft von ½ Zitrone
ein bisschen Petersilie, gehackt

Rezept

1. In einer großen Pfanne erhitzen wir das Olivenöl bei mittlerer Hitze. Wir geben gleichzeitig den Knoblauch sowie die Kartoffelscheiben hinein und lassen das Ganze unter Rühren ein bisschen brutzeln, nämlich 3 Minuten lang.

2. Dann geben wir den Weißwein, die Tomaten, das Paprikapulver, ½ TL Salz, Pfeffer und die Chilischote dazu. Die Pfanne bedecken wir nun mit einem Deckel und reduzieren die Temperatur, sodass wir den Pfanneninhalt 15 bis 20 Minuten vor sich hin brutzeln lassen können, während wir für das gute Gewissen ein paar Mal umrühren.

3. Unseren Fisch würzen wir nun mit ein bisschen Salz und Pfeffer und geben ihn in die Pfanne, wo wir ihn elegant über den tomatigen Kartoffeln drapieren. Wir geben den Deckel wieder auf die Pfanne und lassen den Fisch 15 Minuten garen, bis er uns durchgegart erscheint.

4. Abschließend geben wir Zitronensaft darüber sowie die Petersilie. Guten Appetit!

Alles an diesem Gericht schreit förmlich „Gemütlichkeit"! Es wird ganz bequem in einer Pfanne zubereitet; mit seiner feurigen Tomatensauce und den Kartoffeln ist es die perfekte Mahlzeit für einen verkaterten Sonntag. Und da die Hauptkomponente Fisch ist, kann man sich getrost denken: „Mmmh, healthy!", während man auf dem Sofa liegt und das Gericht direkt aus der Pfanne isst.

Bestellen oder selbst kochen,

Es sollte kein großes Geheimnis sein, dass ich gerne mal Essen beim Lieferservice bestelle – besonders, wenn es schnell gehen muss. Das geht sogar so weit, dass mir ein bekannter Lieferservice im ersten Jahr seines Bestehens eine handgeschriebene Dankeskarte geschickt hat, weil ich zu einem seiner Top-Kunden gehörte und mit meiner Faulheit erheblich zu seinem erfolgreichen Launch beigetragen habe. Danach hat er mich sogar zu seinem Social-Media-Testimonial gemacht. Damit möchte ich sagen: Ja, ich habe es eine Zeit lang definitiv übertrieben mit den Essenbestellungen im Internet.

Trotzdem werde ich das ungute Gefühl nicht los, dass das Service bei den meisten Lieferdiensten langsam schlechter wird. Habe ich mein Essen früher noch meistens innerhalb von 20 Minuten erhalten, bekomme ich nun oft die Meldung, dass mein Fahrer zwar schon unterwegs ist, vorher aber noch die Lieferungen dreier anderer Leute liefern muss und das sicher noch eine Stunde dauern wird. Aber keine Sorge: Wenn ich 50 € im Jahr bezahle, kann ich „Premium-Kunde" werden und wieder das Service bekommen, das früher noch völlig selbstverständlich und gratis war.

Vielleicht sind meine Pommes dann auch noch warm, wenn sie bei mir ankommen? You never know!

Dann ist da natürlich noch die beschränkte Auswahl, die mir zu schaffen macht. Wer viel Essen bestellt, hat die Qual der begrenzten Wahl: Möchte ich heute Sushi, Burger oder Pizza? Mehr gibt's leider nicht, und die meisten Gerichte werden aus dubios klingenden Restaurants wie „Tonios Sleaze Kitchen Number 49" geliefert, die man beim Vorbeigehen nie im Leben betreten würde – nicht mal dann, wenn einem gerade der Arm abgetrennt wurde, Blut daraus spritzt und man dringend jemanden braucht, der einen Notarzt ruft.

Aus diesem Frust heraus hatte ich eines Tages einen Geistesblitz: „Wenn es schnell gehen muss, bin ich ja mittlerweile fast schneller, wenn ich einfach selbst etwas koche, anstatt etwas zu bestellen, das ich dann vielleicht – wenn's gut geht – in einer Stunde lauwarm zu mir nehmen darf".

Gesagt, getan. Als urbaner City-Boy behandle ich den Supermarkt von nebenan wie einen großen Kühlschrank und kaufe meistens nur die Zutaten ein, die ich sofort verwerten will. Mittags gibt es dann die Salate, Bowls und anderen schnellen Gerichte, die ihr in diesem Kapitel findet.

Der große Vorteil meiner neuen Lieferdienst-Rebellion ist ja, dass ich auf einmal die absolute Kontrolle habe: Mein Grillgemüse schwimmt nicht in Öl, da ich einfach nicht so viel Öl verwende. Alles ist nach meinem Geschmack gewürzt und zubereitet und beim Selbstkochen laufe ich auch nicht Gefahr, am Ende das falsche Gericht zu erhalten.

Vor allem aber hat mich überrascht, dass es mir in unserer schnelllebigen Welt der sofortigen Befriedigung sehr gut gefällt, mir mal wieder für etwas Zeit nehmen zu müssen, selbst wenn es nur 30 Minuten sind. Klar, wenn ich bestelle, dauert dieser Prozess 2 Minuten und während ich auf mein Essen warte, kann ich 300 Mails schreiben, ehe meine Bestellung an meiner Wohnungstür ist. Produktiv, produktiv, produktiv!

Stelle ich mich dagegen selbst in die Küche, schneide geduldig das Gemüse klein und konzentriere mich voll und ganz auf das Kochen, bin ich auf unerwartete Weise entspannt – vermutlich, weil ich mal für eine halbe Stunde nicht auf mein Handy oder andere Bildschirme gestarrt habe. Selbst, wenn in fünf Minuten alles aufgegessen ist, weiß ich meine Mahlzeit viel mehr zu schätzen, als hätte sie mir einfach jemand vor die Tür geschleudert, so wie Schweine ihr Futter in den Trog geknallt kriegen.

Kochen ist für mich ein Akt der Selbstfürsorge und des bewussten Genießens, der mich dazu bringt, dem Tempo des Alltags für einen Moment zu entfliehen und den wahren Wert einer Mahlzeit zu erkennen. Längst vorbei sind die Tage, an denen ich dreimal am Tag beim Lieferservice bestellt habe und den Lieferanten so gut kannte, dass ich seiner Gattin regelmäßig schöne Grüße ausrichtete. Aber versteht mich nicht falsch: Bestelle ich mir hie und da noch einen guten Burger aus meinem Lieblingslokal, mit Pommes und drei verschiedenen Dips? Na klar, ich bin ja schließlich auch nur ein Mensch. Die Balance macht's!

das ist hier die Frage

Ich finde, wir reden viel zu selten darüber, was für ein wandelbares Gemüse die Süßkartoffel doch ist. Solltet ihr je daran gezweifelt haben, wird euch dieses phänomenale Rezept wieder auf den richtigen Pfad der Süßkartoffel-Anbeter bringen. Hier entpuppt sich die Süßkartoffel als richtiger Star, der sowohl ein pikantes als auch ein süßes Gericht auf seinen Schultern tragen kann. So wandelbar! Meryl Streep who?

Zutaten

Für 1 Person
1 große Süßkartoffel
¼ Avocado, dünn geschnitten
ein paar eingelegte rote Zwiebeln (S. 133)
1 EL Koriander, gehackt
1 Spritzer Limettensaft
Meersalzflocken
2 EL Tahin
1 Dattel, entkernt und zerhackt
1 EL Kürbiskerne, geröstet
1 TL Sesam

Rezept

1. Um die Süßkartoffel zu garen, heizen wir den Ofen auf 220 Grad Ober-/Unterhitze vor. Wir nehmen die Süßkartoffel und stechen mit einer Gabel so oft von jeder Seite rein, dass es uns fast schon ein bisschen zu oft vorkommt. Jetzt kommt die Süßkartoffel für 45 Minuten in den Ofen, bis sie weich ist.

2. Wenn die Süßkartoffel nicht mehr brennheiß, sondern nur noch warm ist, halbieren wir sie.

3. Für die pikante Süßkartoffelseite legen wir zuerst die Avocadoscheiben obendrauf, dann die pinken Zwiebeln und den Koriander und würzen mit einem Spritzer Limettensaft. Wir verfeinern das Ganze mit einer Prise Meersalzflocken.

4. Für die süße Süßkartoffelseite beträufeln wir die Süßkartoffel mit Tahin, verteilen darauf die gehackte Dattel, die Kürbiskerne und schließlich auch den Sesam. Wer will, kann auch hier mit einer Prise Meersalzflocken verfeinern.

Eine Süßkartoffel, zwei Seiten

Dinkelbowl

An dieser Bowl weiß ich – neben der Tatsache, dass man sie ratzfatz zubereiten kann – zu schätzen, dass man dafür endlich mal auch einen Teil des Brokkolistängels benötigt und er auch überraschend gut schmeckt. Dieses Gericht würde ich zubereiten, wenn ich mich ein paar Tage lang ungesund ernährt habe und mich dann nach einer Speise sehne, bei deren Verzehr es endlich mal wieder so richtig knackt.

Zutaten

Für 4 Personen

- 200 g (1 Cup) Dinkelreis
- 1 Kopf Brokkoli
- ein großes Stück Parmesan (benötigt werden nur ein paar kleine Bröckchen)
- 6 Radieschen, in dünne Scheiben geschnitten
- Petersilie
- Basilikumblätter
- Saft von ½ Zitrone
- 50 ml (3 ½ EL) Olivenöl
- 1 TL Salz
- ein bisschen Pfeffer

Rezept

1. Wir bereiten den Dinkelreis zu (wie das geht, steht bestimmt auf der Packung) und geben ihn in eine große Schüssel.

2. Die unteren ca. 5 cm des Brokkolistängels schneiden wir ab, werfen sie weg oder benutzen sie als Türstopper. Den restlichen Stängel schneiden wir in dünne Taler und die Brokkoliröschen in ganz kleine Stückchen. Ab in die Schüssel!

3. Nun möchte ich, dass ihr aus dem Parmesanblock ein paar kleine Bröckchen abschlagt. Das ist super, um eure angestauten Aggressionen ob der Tatsache, dass ihr gleich rohen Brokkoli essen müsst, rauszulassen, und geht am besten mit einer Messerspitze. Aber bitte vorsichtig sein! Und dann ab in die Schüssel!

4. Jetzt gebt auch die Radieschen in die Schüssel sowie Petersilie und Basilikum nach Lust und Laune.

5. Für die Vinaigrette vermengen wir die letzten 4 Zutaten in einer kleinen Schüssel und schütten die Mischung dann genüsslich über unsere Bowl. Viel Vergnügen!

Michi-o e Pepe

KITCHEN CONFESSION:
Ich liebe Cacio e Pepe (ist ja auch völlig klar, im Endeffekt ist das ja nichts anderes als die italienische Version von Mac and Cheese), aber wenn ich bislang versucht habe, sie nach dem klassischen Rezept zuzubereiten, bekam ich am Ende meistens Nudeln in Wasser, in dem auch ein paar Flocken Käse rumschwimmen. Ich schäme mich schon ein bisschen dafür, schließlich ist das Originalrezept supereinfach. Man kann dabei eigentlich nichts falsch machen, und trotzdem gelingt es mir jedes Mal aufs Neue. Naja, aber seit ich meine Sauce mit Cottage Cheese pimpe (meine Gym-Mäuse wissen Bescheid: mehr Proteine!), gelingt sie mir jedes Mal im Handumdrehen, daher teile ich dieses Rezept gerne mit euch.

Zutaten

Für 2 Personen

- 250 g eurer liebsten Pasta, ich bevorzuge breite Bandnudeln
- 500 g (2 Cups) Cottage Cheese
- 250 g (2 ½ Cups) Pecorino Romano, gerieben
- 3 EL Pfeffer, frisch gemahlen, gerne auch mehr
- 1 TL Salz

Rezept

1. Kocht die Pasta so, wie die Packung es von euch verlangt.

2. Während die Pasta kocht, vermengen wir alle verbleibenden Zutaten in einem Gefäß und pürieren sie mit einem Stabmixer, bis wir eine feine Sauce erhalten.

3. Nun gießen wir die fertige Pasta ab und vermengen sie mit der Sauce (am besten im noch warmen Topf, in dem die Pasta gekocht wurde) und voilà: Das Gericht ist auch schon fertig. Ihr könnt es nun genießen, während ihr mich lobpreist, da ich euch diesen stressfreien Cacio-e-Pepe-Genuss offenbart habe.

Miso-Kohl-Salat

Ich hab immer wieder Phasen, in denen ich mich strikt von Mahlzeiten ernähre, die ich als „gesund" einstufen würde. Als Comedian, der beruflich von einem Kaff ins nächste tuckert, ist das gar nicht so leicht. Dann halte ich mich nämlich meistens in Backstage-Bereichen auf, in denen oft ein gammliges Sofa steht, das man unter gar keinen Umständen mit Schwarzlicht beleuchten sollte. An diesen zwielichtigen Orten muss ich mich schon freuen, wenn es als „gesunde Snack-Option" einen Schoko-Müsliriegel gibt. Weil ich keine Diva sein will, habe ich irgendwann angefangen, in solchen Phasen Meal Prep zu betreiben und meine eigenen Mahlzeiten mitzubringen. Meistens wird es dieser Miso-Kohl-Salat. Er lässt sich gut transportieren und schmeckt immer – auch, wenn man ihn auf einem gammligen Sofa isst.

Zutaten

Für 2 Personen

Für die Basis

- 1 Süßkartoffel
- 1 EL Misopaste
- 2 EL Olivenöl
- ⅛ rote Zwiebel
- 30 g (¼ Cup) Kürbiskerne
- Salz
- Zesten von 1 Limette
- ca. 120 g Grünkohl, vom Stängel getrennt und in kleine Stücke geschnitten
- Koriander
- 1 TL Sesam

Für das Dressing

- 2 TL Misopaste
- 4 g (2 TL) frischer Ingwer, gerieben
- Zesten und Saft von 2 Limetten
- 100 ml (½ Cup) Olivenöl
- Salz

Rezept

1. Wir heizen den Ofen auf 220 Grad Ober-/Unterhitze vor und fangen schon mal an, unsere Süßkartoffel zu schälen und in 2 cm große Würfel zu schnippeln.

2. Jetzt verrühren wir die Misopaste mit dem Olivenöl, ehe wir die Süßkartoffel-Stücke auf ein Backblech geben und gut mit dem Miso-Öl-Gemisch vermengen. Für 20 bis 25 Minuten ab in den Ofen!

3. Unterdessen können wir uns um unsere Mix-ins kümmern, indem wir die rote Zwiebel dünn schneiden, mit den Kürbiskernen vermischen, mit Salz und Limettenzesten bestreuen und 10 Minuten ruhen lassen.

4. Jetzt ist das Dressing dran: Wir vermengen alle Dressing-Zutaten und rühren gut um.

5. Mittlerweile sollten unsere Süßkartoffelwürfel fertig sein und herrlich duften. Also vermengen wir sie mit dem Grünkohl, dem Kürbiskern-Zwiebel-Gemisch und dem Dressing, bevor wir den Salat noch mit Koriander und Sesam verfeinern. Yum!

Schnelles Thunfisch-Mischmasch

Ich liebe dieses Mischmasch, welches elegantere Personen vermutlich als „Bowl" bezeichnen würden. Dieses Gericht ist proteinreich, schnell gemacht und besteht vor allem aus Zutaten, die man ohnehin meistens zuhause hat. Ideal für diese schrecklichen Momente, wenn ich plötzlich checke, dass ich den ganzen Tag noch nichts gegessen habe und sofort etwas brauche, da ich sonst mit teuren technischen Geräten um mich werfe.

Zutaten

Für 1 Person

- 70 g Tomatenmark
- 50 ml (3 ½ EL) Olivenöl
- 2 EL frischer Dill, fein gehackt
- ½ TL getrockneter Oregano
- 1 EL Zitronensaft, frisch gepresst
- 2 TL Honig
- 1 Dose Thunfisch in Öl à ca. 185 g
- 1 Dose weiße Bohnen à 400 g, abgeseiht und abgespült
- Meersalzflocken
- Pfeffer
- ½ TL Harissapaste (optional)
- ein paar Sellerieblätter (optional)

Rezept

1. In einer Pfanne erhitzen wir das Tomatenmark und das Olivenöl bei mittlerer Hitze 2 Minuten und geben dann den Dill, den Oregano, den Zitronensaft und den Honig dazu. Wir reduzieren die Hitze und kochen den Inhalt 3 weitere Minuten, ehe wir die Pfanne vom Herd nehmen und die Mischung kurz auskühlen lassen.

2. In einer Schüssel (aus der wir mit Sicherheit auch gleich schnabulieren werden!) vermengen wir die soeben entstandene Sauce mit dem Dosenthunfisch, den Bohnen sowie Salz und Pfeffer nach Belieben (ich mag von beidem viel!) und der Harissapaste, falls ihr sie verwendet. Dann geben wir als Pop-of-Color – und weil's gut schmeckt! – ein paar Sellerieblätter rein. Ein köstlicher Lunch.

Fitness

Kapitel 3.

Wenngleich ich mich selbst noch immer als Couchpotato sehe, sprechen mein Marathonlaufen und tägliches Bankdrücken mittlerweile wohl doch entschieden dagegen. Ich geb's zu: Ja, ich bin ein sportliches kleines Mäuschen. Noch vor wenigen Jahren verdrehte ich meine Augen über Leute, die auf Instagram Bilder von ihrem Waschbrettbauch mit der Unterschrift „Der ist zu 90% in der Küche entstanden!" veröffentlichten. Ich bitte dich, Hannes! Das Einzige, was bei mir in der Küche entsteht, ist hartnäckiger Schimmel, weil ich zu selten den Abwasch mache.

Doch Jahre später muss ich mir eingestehen: Leute wie Hannes haben Recht. Balancierte Ernährung ist bei einem sportlichen Lebensstil wirklich das A und O. Schaut, ich bin beim besten Willen kein Doktor (auch wenn ich fantastisch in Weiß aussehe). Ich behaupte nicht, dass euch die Rezepte in diesem Kapitel fitter, gesünder, stärker und schöner machen werden. Ich präsentiere euch hier einfach ein paar Gerichte, auf die ich in Phasen, in denen ich Sport sehr ernst nehme, gerne zurückgreife. Sie sind meistens knackig, oft proteinreich und schmecken immer gut – bei ihrem Verzehr lache ich gerne mit zurückgeworfenem Kopf, wie diese Frauen auf Werbefotos, die gut gelaunt einen Salat essen. Ahahahaha!

Bitte verzeiht mir, dass ich in diesem Kapitel auch schwer zu findende Zutaten wie „Coconut Aminos" und „Flohsamenschalen" von euch verlange. Jahrelang habe ich mich geärgert, wenn in Kochbüchern solche Lebensmittel gefragt waren und jetzt freue ich mich direkt, den Spieß mal umdrehen zu können. Und wisst ihr was? Es fühlt sich gut an!

Vielleicht ja

Während meiner Schulzeit hasste ich den Sportunterricht. Während andere Schüler*innen am Freitag bereits den kommenden Montag und das damit einhergehende Schulbankdrücken fürchteten, war es für mich vielmehr der Donnerstag, der mich schon Tage im Voraus zum Bibbern brachte. Denn donnerstags hatten wir gleich zwei Stunden Sport – oder „Leibesübungen", wie es früher noch hieß. Hmm, in meinen Augen wohl eher „Leidensübungen".

Ich lüge euch nicht an, wenn ich euch sage, dass diese zwei Stunden eine unfassbare Qual für mich waren. Damals wurde mir eingedrillt, dass Sport nicht etwa vielfältig und bereichernd war, sondern ausschließlich aus Fußball bestand; einer Sportart, bei der ein paar pubertierende Jungs einem Ball hinterherrannten, ständig grundlos auf den Boden spuckten und mit Ausrufen um sich warfen, mit denen es gelang, gleich mehrere Gesellschaftsgruppen gleichzeitig zu beleidigen.

Wahrscheinlich muss ich nicht erwähnen, dass die katholische Privatschule, die ich damals besuchte, nicht unbedingt der toleranteste Ort für einen ungeouteten, schwulen Jungen wie mich war. Während des Sportunterrichts hatten die anderen Burschen aus der Klasse die Carte blanche, mich zwei Stunden am Stück zu beleidigen, während unser Lehrer geistesabwesend in die Ferne blickte. Kein Wunder, dass ich Sport schnell hassen lernte.

Die paar Male, die es mir über Umwege gelang, mich in den Sportunterricht der Mädchen zu schummeln, waren nicht viel besser: Die wurden nämlich von ihrer Lehrerin gebeten, sinnlich zu den Songs von Shakira zu tanzen. Versteht mich nicht falsch, das war immer noch besser als Fußball mit einer Prise verbaler Erniedrigung, aber waren das wirklich meine einzigen beiden Optionen? Auf einen Ball eintreten oder sexy Hüfttanz? Dann lieber gar kein Sport.

Schnell fand ich Ausreden, nicht mehr am Sportunterricht teilnehmen zu müssen: Migräne, Magenprobleme und einen verletzten Fuß, den ich mir vermutlich beim untätigen Rumliegen auf dem Sofa zugezogen hatte. Sobald ich in dem Alter war, in dem ich mir meine Ent-

ist Sport doch kein Mord

schuldigungen fürs Fernbleiben aus dem Unterricht selbst schreiben durfte, hinterließ ich sowieso meist nur eine Michi-förmige Staubwolke im Turnsaal. Ohne mich – Sport ist Mord!

So kam es, dass ich nach meiner Matura mit Sicherheit acht Jahre lang bewusst keinen Sport trieb und meine Nase über Leute rümpfte, die es doch taten. Sah ich eine Person, die komplett durchtrainiert war, erblasste ich nicht vor Neid, sondern dachte mir: „Pfft, wie viel Zeit kann eine einzige Person bloß haben?", und redete mir ein, dass die paar Schritte, die ich als angehender Stand-up-Comedian auf der Bühne auf und ab ging, ausreichend Cardio für mich waren.

Es war im Jahr 2017, als ich meine erste Panikattacke hatte. Wie das bei Panikattacken meistens so ist, gab es keinen wirklich guten Grund dafür: Ich hatte mir vorgenommen, ein Video für meinen YouTube-Kanal zu filmen (wie ich euch leider berichten muss, handelte es sich dabei ausgerechnet um ein Kochvideo) und sollte danach auf einem Event vor einem Saal voll mit Leuten sprechen. Ich war nervös, gestresst und überzeugt, dass ich beides keinesfalls auf die Reihe bekommen würde, also schob ich vor laufender Kamera Panik und geriet so sehr in Rage, dass ich meinen Freund Dominik anrufen musste, damit er vorbeikam und mich beruhigte, als wäre ich ein aufgescheuchtes Kätzchen.

Nach dieser Panikattacke war ich mir sicher, dass ich in meinem ganzen Leben nie wieder eine haben will und beschloss, bewusst gegen den Stress in meinem Alltag vorzugehen. Sehr zu meinem Frust rieten mir sowohl Dr. Google als auch echte Ärzt*innen und Therapeut*innen unter anderem dazu, Sport in meine Routine zu integrieren, um Stress abzubauen. Excuse me? Ich hatte acht Jahre damit verbracht, Sport bewusst zu vermeiden, nur um jetzt welchen verschrieben zu bekommen? Das Schicksal konnte so grausam sein.

„Welchen Sport soll ich bloß treiben?", fragte ich mich, während ich an die verhassten Sportstunden meiner Schulzeit zurückdachte. Definitiv nicht Fußball und sexy Dance, da war ich mir sicher. Beim Grübeln hatte ich ein Flashback darauf, dass ich im Sportunterricht nicht nur immerzu als Letzter gewählt wurde, sondern beim Fußballspiel dann auch noch zur Verteidigung gemacht wurde: eine Position, bei der man eigentlich nichts machen muss, außer viel laufen und den Spielern des anderen Teams auf die Nerven zu gehen; zwei Dinge, in denen ich eigentlich ganz gut war.

Weil „anderen auf die Nerven gehen" leider (noch) keine anerkannte Sportart ist, fing ich stattdessen an, regelmäßig zu laufen. Nicht – wie es mir wichtig scheint, zu betonen – für mein Aussehen oder körperliches Wohlbefinden, sondern vor allem für meine Mental Health. Ich werde euch in den Zeilen dieses Buches nicht anlügen und gebe daher gerne zu, dass die frühen Tage meines Lauftrainings vor allem mit Seitenstechen und Schamgefühl behaftet waren.

„Oh mein Gott, diese Leute, die da am Straßenrand sitzen, sehen mich total komisch an! Sicherlich finden sie es wahnsinnig peinlich, dass ich Sport mache! Gleich schreien sie mir was Homophobes entgegen, wie die anderen Jungs an der Schule damals", dachte ich mir, während ich mit offenem Mund keuchend wie ein Golden Retriever im Auslauf durch die Stadt hechtete. Erst nach ein paar Monaten checkte ich, dass es den meisten Leuten scheißegal war, dass ich an ihnen vorbeijoggte und sie nur so komisch dreinschauten, weil sie höchstwahrscheinlich bekifft waren. Ein befreiender Gedanke.

Seitdem laufe ich regelmäßig. Das Laufen ist in stressigen Zeiten eine super Methode, um zumindest für eine Stunde den Kopf freizubekommen. Dass ich jetzt beweglicher bin und jeden Tag ein Stück Torte essen kann, ohne zuzunehmen, ist natürlich auch ein angenehmer Nebeneffekt. Während ich diese Zeilen tippe, bereite ich mich gerade auch auf meinen ersten Marathon vor. Unfassbar, was möglich ist, wenn man sich von einschränkenden Gedanken trennt. Hätte mir vor zehn Jahren jemand gesagt, dass ich mal ein Marathon-laufender Comedian sein würde, in dessen erstem Kochbuch es ein „Fitness"-Kapitel gibt, hätte ich vermutlich mit einer Zimtschnecke nach dieser Person geworfen.

Vor allem aber bedaure ich, dass mich meine negativen Erfahrungen im Turnunterricht an der Schule so lang davon abhielten, mich sportlich zu betätigen. Ohne die Traumata aus dieser Zeit hätte es mich wahrscheinlich nicht so viel Überwindung gekostet, die Fitness in mein Leben zu lassen. Aber immerhin: Besser spät als gar nicht. Ich bin sehr dankbar, dass Sport ein fester Bestandteil meines Lebens geworden ist. Es ist nie zu spät: Wenn ich das schaffe, könnt ihr es auch!

BARISTA
HAFER-OAT

Zwei Smoothies

Ich bin nun wirklich kein Frühstücker. Wenn ich morgens aufwache, brauche ich maximal eine Tasse schwarzen Kaffee und denke dann vielleicht das erste Mal um 11:30 Uhr daran, dass ich ja mal was essen könnte. Aber an Tagen, an denen ich ein kleines Sporty Spice bin und meinen Morgen mit einem Lauf im Park starte, sehe ich durchaus ein, dass ich ein bisschen mehr Energie brauche, und bereite mir dann gerne einen dieser beiden Smoothies zu. Beide sind absolut köstlich und ich entscheide meistens spontan, welchen ich mir zubereite. Leider muss ich euch aber sagen, dass die Smoothies wirklich nur so richtig geschmeidig, um nicht zu sagen ... smooth werden, wenn man einen Hochleistungsmixer verwendet. Wenn ihr kein solches Gerät habt, vergesst es einfach und reißt diese Seite aus dem Kochbuch raus.

Erdbeer-Vanille-Smoothie

Für 1 Person

- 150 g (1 Cup) TK-Erdbeeren
- 25 g (¼ Cup) Haferflocken
- 30 g (¼ Cup) Proteinpulver mit Vanillegeschmack
- 2 EL Skyr
- 240 ml (1 Cup) Milch oder pflanzliche Milchalternative

Rezept

Alle Zutaten in einem Hochleistungsmixer vermengen.

FUN!

Schoko-Erdnussbutter-Smoothie

Für 1 Person

- 2 Handvoll Eiswürfel
- 240 ml (1 Cup) Milch oder pflanzliche Milchalternative
- 1 Banane
- 30 g (¼ Cup) Proteinpulver mit Schokogeschmack
- 1 EL Erdnussbutter (smooth)
- 160 g (½ Cup) Blumenkohl, frisch oder TK

Rezept

Alle Zutaten in einem Hochleistungsmixer vermengen.

COOL!

Süßkartoffel-Pancakes

Dieses Rezept habe ich von einer guten Freundin, bei der ich diese absolut geilen Pancakes einmal während eines ihrer legendären Brunche essen durfte. Leider hat sie es mir nur mündlich verraten, und ich dachte viel zu lange, dass Mandelmehl in den Teig muss, nicht Hafermehl. Ich habe meine Freundin verflucht, jedes Mal, wenn ich angebrannten Brei in der Pfanne hatte, bis ich ihr einmal mein Problem geschildert habe und sie meinte: „Mandelmehl? Da muss Hafermehl rein!" Aaaah. Seitdem gelingen mir die Pancakes jedes Mal und sind immer köstlich.

Zutaten

Für 2 Personen

Für die Pancakes

- 1 große Süßkartoffel, gekocht
- 60 g (½ Cup) Hafermehl
- ½ TL Salz
- 1 ½ EL Kokosblütensirup
- ¼ TL Zimt
- 2 EL Kokosöl

Für das Topping

- 2 EL Kokosblütensirup
- 100 g (½ Cup) Heidelbeeren
- 125 ml (½ Cup) Kokosjoghurt, ungesüßt

Rezept

1. Wir befreien die gekochte Süßkartoffel von ihrer Schale und zermantschen sie in einer Schüssel mithilfe einer Gabel. Dann geben wir Hafermehl, Salz, Kokosblütensirup und Zimt dazu.

2. Jetzt erhitzen wir das Kokosöl in einer unbeschichteten Pfanne auf mittlerer Hitze und fertigen aus dem Teig 6 Pancakes. Hier hilft es, wenn man zuerst Bälle formt und sie dann flach drückt. Es dürfen ruhig dicke Pancakes sein. Wir braten sie für 2 Minuten pro Seite, bis sie schön braun und innen warm sind.

3. Wir verteilen die fertigen Pancakes auf Tellern, träufeln den Sirup darüber, garnieren mit den Heidelbeeren und servieren mit dem Kokosjoghurt. Ein Genuss!

Wenn mir irgendwo eine Hühnerbrust übrig bleibt (Wer kennt das nicht? Zu viele Hühnerbrüste!), mache ich am nächsten Tag immer sofort diesen optimierten Caesar Salad. Bestimmt fragt ihr euch: „Michi, was ist das Problem mit einem regulären Caesar Salad? Schließlich steckt das Wort ‚Salad' drin und Salate sind doch eh immer super-healthy, oder?" Ihr habt nicht ganz Unrecht, aber das cremige Original-Dressing liegt mir immer ein bisschen im Magen, weswegen es hier eine bekömmlichere Alternative gibt. Außerdem habe ich die Croûtons durch Kichererbsen ersetzt, kann ja auch nicht schaden. Bitte urteilt nicht, ehe ihr diese Kreation probiert habt – der Salat ist köstlich!

Der optimierte Caesar Salad

Zutaten

Für 2 Personen

Für die crunchy Kichererbsen

- 1 Dose Kichererbsen à 400 g
- 3 EL Olivenöl
- 1 TL Knoblauchpulver
- 1 TL Salz

Für das Dressing

- 125 g (1 Cup) Cashews, über Nacht in 400 ml Wasser eingeweicht
- 2 ½ EL Dijonsenf
- 1 TL Salz
- 2 TL Pfeffer, frisch gemahlen
- 3 Anchovis
- 3 EL Wasser
- 3 Knoblauchzehen, gehackt
- 140 ml (⅔ Cup) Olivenöl

Für den Salat

- 100 g Grünkohl
- 2 Hühnerbrustfilets, in Streifen geschnitten und gebraten
- Salz
- Pfeffer
- Zitronensaft, frisch gepresst

Rezept

1. Zuerst machen wir die crunchy Kichererbsen. Dafür heizen wir den Ofen auf 200 Grad Ober-/Unterhitze vor, spülen die Kichererbsen aus der Dose in einem Sieb ab und trocknen sie mit einem Stück Küchenpapier ab. Wir verteilen sie auf einem Backblech, beträufeln sie mit dem Olivenöl und geben dann das Knoblauchpulver und Salz darüber. Für 25 Minuten geht es ab in den Ofen, bis sie schön crunchy sind. Wenn die Kichererbsen nicht gerade in diesem Salat verwendet werden, sind sie nebenbei bemerkt auch ein super Snack für zwischendurch.

2. Jetzt ist das Dressing dran. Dafür geben wir die (abgegossenen) Cashews mit dem Dijonsenf, Salz, Pfeffer, Anchovis, Wasser, Knoblauch und Olivenöl in einen Mixer und vermengen alles zu einem cremigen Dressing.

3. Last but not least, der Salat! Wir trennen den Grünkohl von seinen Stängeln und schneiden ihn in schöne Streifen, die wir gemeinsam mit dem Dressing in eine große Schüssel geben. Jetzt wird es sinnlich, da wir mit unseren Händen das Dressing sanft in den Grünkohl einmassieren. Dann geben wir die geschnittene Hühnerbrust und die Kichererbsen dazu. Abschließend würzen wir mit Salz, Pfeffer und ein bisschen Zitronensaft.

Frittata

Wenn es mittags was Schnelles und Proteinreiches sein soll, mache ich sehr gerne diese Frittata. Der Über hammer: Bei diesem Gericht kann man super impro visieren und Gemüse reinschnippeln, das man noch im Kühlschrank hat, ehe es dort einen langsamen und grauenvollen Tod stirbt.

Zutaten

Für 4 Personen
6 Eier
80 ml (⅓ Cup) Milch
Salz
Pfeffer
1 EL Olivenöl
1 kleine Zwiebel, in dünne Ringe geschnitten
160 g (½ Cup) Brokkoli, die Röschen klein geschnitten, der Rest entsorgt
125 g (4 Cups) Jungspinat
100 g (1 Cup) weißer Cheddar, gerieben

Rezept

1. Wir heizen den Ofen auf 220 Grad Ober-/Unterhitze vor. In einer großen Schüssel verquirlen wir die Eier und die Milch und würzen sie großzügig mit Salz und Pfeffer.

2. Das Olivenöl erhitzen wir bei mittlerer Hitze in einer gusseisernen Pfanne, dann fügen wir die Zwiebel hinzu und lassen sie etwa 4 Minuten braten, bis sie Farbe annimmt. Anschließend geben wir den Brokkoli und den Jungspinat dazu und braten 3 weitere Minuten.

3. Nun geben wir die Ei- und Milchmischung in die Pfanne und lassen sie 2 Minuten garen.

4. Jetzt verteilen wir den Cheddar über unserem Pfanneninhalt. Die Pfanne geben wir dann in den Ofen und backen die Frittata dort 6 Minuten. Dann schneiden wir sie in gleichmäßige Stücke und genießen.

Ich serviere Frittata manchmal ganz gerne mit ein bisschen Salat, aber das könnt ihr natürlich handhaben, wie ihr wollt.

LE CREUSET

Chicken mit Kohlsalat

Das ist so ein Gericht, das ich jeden Tag essen könnte. Es fühlt sich an, als wäre es hochkalorisches Comfort Food, dabei sind die Komponenten recht gesund. Das Hühnerschnitzel ist natürlich ein Hit, aber der eigentliche Star ist der Kohlsalat mit den Mandel- und Apfelstücken. Ich hätte nicht gedacht, dass ich mal ausgerechnet nach Kohl lechzen würde. Put it in my mouth now!

Zutaten

Für 2 Personen

Für die Kräutermarinade

- 5 EL Olivenöl
- Schalenabrieb von 1 Zitrone
- je 1 TL Rosmarin, Thymian und Petersilie, fein geschnitten
- 1 TL Zitronensaft, frisch gepresst
- Salz
- Pfeffer

Für die Schnitzel

- 2 Hühnerbrustfilets ohne Haut
- Salz
- Pfeffer
- Öl zum Braten

Für den Salat

- 2 EL Apfelessig
- 1 TL Dijonsenf
- Salz
- Pfeffer
- 60 ml (¼ Cup) Olivenöl
- 30 g (¼ Cup) Mandeln
- ca. 50 g Grünkohl, in Stücke gerissen
- ¼ Kopf Weißkohl, geschnippelt
- 1 Apfel, ungeschält in Stifte geschnitten
- 1 Fenchel, dünn geschnitten

Rezept

1. Wir fangen ganz entspannt an, indem wir unsere Kräutermarinade machen. Dafür einfach alle Zutaten für die Marinade vermischen. Fertig!

2. Die Hühnerbrustfilets müssen wir im Schnitzel-Style erst mit dem „Schmetterlingsschnitt" schneiden, damit sie schön dünn werden. Den kann ich euch in diesen Zeilen wirklich nicht erklären; schaut euch einfach ein YouTube-Tutorial an. Ihr schafft das! Dann reiben wir die Schnitzel mit der Marinade ein und lassen sie mindestens 10 Minuten marinieren. Erst danach salzen und pfeffern wir sie.

3. Unterdessen machen wir das Salatdressing, indem wir Essig, Senf, Salz und Pfeffer in einer Schüssel vermengen. Nun geben wir unter ständigem Rühren das Olivenöl dazu. Das ist keines meiner ulkigen Rituale, sondern hat den Grund, dass sich das Öl dann besser einarbeiten lässt. Kurz naschen und nach Geschmack nochmals salzen und pfeffern.

4. Zur Fertigstellung des Salats rösten wir die Mandeln in einer Pfanne ohne Fett und hacken sie anschließend. Dann geben wir sie mit Grünkohl, Weißkohl, Apfel und Fenchel in eine Schüssel und vermengen alles mit dem Dressing. Ihr müsst den Kohl jetzt gut massieren, damit er richtig genießbar wird. Diesen köstlichen Salat bitte noch kurz beiseitestellen, denn jetzt wird gekocht!

5. Wir stellen eine große Pfanne mit ein wenig Öl auf mittelhohe Hitze. Nun braten wir jede Seite der Hühnerschnitzel 2 bis 3 Minuten, je nach Dicke eurer Schnitzel. Wenn sie fertig sind, richten wir sie mit dem Salat an und genießen. Herrlich!

Lachspattys mit Blumenkohl-Reis

Schaut, wenn man versucht, sich halbwegs ausgewogen zu ernähren, muss man manchmal kreativ werden, um sich selbst bei Laune zu halten. Lachsfilets mit Blumenkohl als Beilage sind ja ganz nett, aber viel aufregender ist es natürlich, süße, kleine Lachspattys mit Blumenkohl-Reis zu essen. Klar, das ist zwar mehr Arbeit, aber ich schwöre euch, es macht viel mehr Spaß als die Zutaten einfach in ihrer Ursprungsform zu essen.

Rezept

1. Zuerst zerschneiden wir die Lachsfilets in kleine Stücke, ehe wir sie für 10 Minuten in den Gefrierschrank legen, damit sie sehr kalt, aber nicht gefroren sind. Anschließend geben wir sie nach und nach in einen Mixer und zerkleinern sie, sodass sie zerhackt, aber trotzdem keine einheitliche Lachspaste sind.

2. In einer großen Schüssel vermengen wir den Lachs, am besten mit einem Teigspatel, mit der Petersilie, der roten Zwiebel, dem Salz und der Zitronenschale.

3. Wir formen nun je 2 EL dieser Mixtur zu kleinen Laibchen. Ihr könnt das gerne mit den Händen machen, aber Achtung: Fischfinger! Wir geben das Olivenöl in eine beschichtete Pfanne und braten unsere Lachs-Laibchen pro Seite 1 bis 2 Minuten, bis sie schön goldbraun aussehen.

4. Während das passiert, können wir ganz schnell den Blumenkohl-Reis machen. Dafür geben wir das Olivenöl bei mittelhoher Hitze in eine große Pfanne und braten die Grünkohlstreifen ca. 45 Sekunden an. Dann fügen wir den Blumenkohl, Kurkuma und Salz dazu. Wir braten nochmals 2 bis 3 Minuten und rühren dabei durchgehend um. Wenn euch diese Multitasking-Action zu stressig ist, verstehe ich das. Dann macht den Reis halt einfach nach den Laibchen, auch nicht schlimm.

5. Wir verteilen den Blumenkohl-Reis gleichmäßig auf Tellern und richten die Lachspattys darauf an.

Zutaten

Für 2 Personen
Für die Lachspattys
2 Lachsfilets (ca. 500 g)
1 Bund Petersilie (ca. 40 g), fein geschnitten
½ rote Zwiebel, fein gewürfelt
1 ½ TL Salz
Schalenabrieb von 1 ½ Zitronen
2 EL Olivenöl

Für den Blumenkohl-Reis
1 EL Olivenöl
½ Blumenkohl, gerieben
50 g Grünkohl, geschnitten
¼ TL Kurkuma
½ TL Salz

Dieses Gericht serviere ich gerne mit einem Klecks Joghurt und ein paar Zitronenspalten – das Auge isst ja schließlich mit.

Körnerbrot

Phasenweise verzichte ich auf Gluten (nicht, weil ich allergisch darauf reagiere, sondern einfach, weil ich anstrengend sein will) und dann ist dieses Körnerbrot immer ein großer Hit. Mit einem guten Aufstrich drauf schmeckt man gar keinen Unterschied zu normalem Brot. Mittlerweile kann man so ein ähnliches Brot auch in vielen Bäckereien kaufen, doch es kostet fast so viel wie ein Gebrauchtwagen, also mache ich es lieber selbst. Aber Achtung: Wenn man zu viel davon isst, wie ich es eines dunklen Tages im März 2022 getan habe, bekommt man Bauchweh und muss dringend aufs Klo. Ich schaue also, dass ich bei maximal drei Scheiben am Tag bleibe.

Zutaten

- 130 g (1 Cup) Sonnenblumenkerne
- 60 g (½ Cup) Kürbiskerne
- 80 g (½ Cup) Flohsamenschalen
- 60 g (⅓ Cup) Hanfsamen
- 60 g (⅓ Cup) Chiasamen
- 50 g (⅓ Cup) Leinsamen
- 2 TL weißer Sesam
- 35 g (½ Cup) Mandeln, gestiftelt
- 2 TL Kokosblütenzucker
- 1 TL Salz
- 60 ml (¼ Cup) Olivenöl und ein bisschen Öl zum Einfetten der Form
- 350 ml (1 ½ Cups) kochendes Wasser

Rezept

1. Wir heizen den Ofen auf 200 Grad Ober-/Unterhitze vor und fetten eine Brotform mit ein bisschen Olivenöl ein; meine ist ca. 12 x 24 cm groß.

2. Alle Zutaten – außer das Wasser, geduldet euch ein bisschen! – vermengen wir jetzt miteinander in einer Schüssel, bis wir den Eindruck haben, dass sich alles gut verteilt hat.

3. Jetzt geben wir das heiße Wasser dazu. Ich bin kein Chemiker (auch wenn viele das von mir denken mögen), aber man merkt, dass sich hier sofort etwas verändert, oder? Der Teig wird zugleich etwas dicker.

4. Jetzt geben wir unsere Mischung in die eingefettete Form und drücken sie mit einem Gummispatel flach, ehe wir die Form für 1 Stunde in den Ofen geben.

5. Bestimmt möchtet ihr jetzt schon leckeres Körnerbrot snacken, aber wie ich euch leider sagen muss, müsst ihr euch noch 1 bis 2 Stunden gedulden, ehe ihr das Brot aus der Form stürzen könnt. Das Warten wird es wert sein!

Supersalat mit grünem Dressing

Dieser Salat ist für mich der Inbegriff von „Frische“. Wenn ich daran denke, dann vor allem an seinen herrlichen Geschmack, aber auch an die „Knack-knack-knack“-Geräusche, die mein Mund macht, wenn ich mich durch Radieschen, Fenchel und Zuckerschoten knabbere. Das Dressing ist übrigens ein absoluter Hit; ihr könnt es auch einfach so machen und es als Dip für geschnittenes Gemüse verwenden. Köstlich!

Zutaten

Für 2 Personen

Für das grüne Dressing

100 g (½ Cup) vegane Mayonnaise
1 große Handvoll Spinat
1 Handvoll Basilikumblätter
½ EL frischer Dill, fein geschnitten
2 Frühlingszwiebeln, zerhackt
½ Bund Koriander, zerhackt
Saft von ½ Zitrone
1 EL Olivenöl
Salz
Pfeffer

Für den Salat

1 Kopfsalat, grob gerissen
6 Radieschen, dünn geschnitten
½ Fenchel, dünn geschnitten
40 g (¼ Cup) Zuckerschoten
1 Gurke, dünn geschnitten
1 Karotte, mit einem Schäler in Streifen geschnitten
160 g (1 Cup) Kichererbsen aus der Dose

Rezept

1. Für das Dressing geben wir alle Zutaten bis auf Salz und Pfeffer in einen Mixer, vermixen sie kräftig und würzen dann nach Belieben mit Salz und Pfeffer.

2. Für die Fertigstellung des Salats vermischen wir nun einfach alle Zutaten mit dem Dressing. Ihr müsst nicht die gesamte Menge verwenden – ihr könnt Reste davon auch ein paar Tage aufbewahren und als Dip verwenden! Lasst es euch schmecken. Hach, die besten Dinge im Leben können so einfach sein!

Fleischtiger können statt Kichererbsen zum Beispiel auch dieselbe Menge an Hühnerbrust verwenden. Ich bin nicht hier, um zu urteilen.

MICHIS QUINOA-BOWL

Eine Zeit lang habe ich nur im Sommer auf meine Ernährung geachtet, weil ich zu dieser Jahreszeit dazu neigte, spärlich bekleidete Speedo-Fotos auf Instagram zu posten. „Bewusste Ernährung" bestand für mich daraus, Salate mit möglichst wenig Dressing am Strand zu essen, während ich selbstgefällig in die Ferne blickte. Im Winter dagegen war mir meine Ernährung völlig egal und ich verwirrte meinen Körper, indem ich ab Oktober vor allem Schmelzkäse aß. Heute schaue ich, dass ich mir auch zur kälteren Jahreszeit hie und da mal was Gutes tue und setze dann auf wärmende Bowls wie diese, die mein Go-to-Rezept für besonders harte Winter geworden ist.

Zutaten

Für 2 Personen

Für die Bowl

- 1 kleine Süßkartoffel, in 2 cm große Stücke geschnitten
- 1 EL Olivenöl
- Salz
- Pfeffer
- 180 g (1 Cup) Quinoa, gekocht
- 135 g (⅔ Cup) Rote Bete, geröstet, in Würfel geschnitten
- 20 g (⅔ Cup) Rucola
- ½ Avocado, in Stücke geschnitten
- 30 g (¼ Cup) Sonnenblumenkerne

Für das Dressing

- 60 ml (¼ Cup) Tahin
- 2 Knoblauchzehen, gerieben
- Saft von ½ Zitrone
- 1 EL Apfelessig
- 60 ml (¼ Cup) Wasser
- Salz

Rezept

1. Wir heizen den Ofen auf 200 Grad Ober-/Unterhitze vor, vermengen die Süßkartoffel-Stücke mit dem Olivenöl, würzen sie und schieben sie für 20 Minuten in den Ofen.

2. Während die Süßkartoffeln vor sich hin brutzeln, ist bei uns Dressing-Time! Wir vermengen das Tahin mit dem Knoblauch, dem Zitronensaft, und dem Apfelessig. Dann geben wir langsam und unter ständigem Rühren das Wasser dazu. Schaut, das ist nicht ganz einfach. Tahin müsst ihr wirklich lange und geduldig rühren, bis es dann irgendwann diese cremige Dressing-Konsistenz erreicht. Ihr werdet es sicherlich bemerken, wenn es so weit ist. Je nach Belieben verfeinern wir das Dressing mit Salz.

3. Jetzt nehmen wir uns 2 Teller und formen darauf süße Quinoa-Bettchen. Das klingt in meinen Ohren viel schöner, als würde ich euch sagen, dass ihr einfach die Quinoa in die Teller wuppen sollt.

4. Wir verteilen die fertig gebratenen Süßkartoffel-Stücke auf der Quinoa und tun dann dasselbe mit der Roten Bete, dem Rucola, der Avocado und schließlich den Sonnenblumenkernen, ehe wir das Dressing in großzügigen Klecksen über allem verteilen.

Protein~

Keksteig

Ich finde es ja selbst ein bisschen unsympathisch an mir, dass ich mittlerweile so ein Mucki-Bro geworden bin, der sich am liebsten den ganzen Tag lang über die besten Proteinquellen unterhalten würde. Aber ich habe irgendwann angefangen, immer einen Becher dieses „Keksteigs" (wenn ein Gericht von Anführungszeichen umgeben ist, weiß man, dass da fauler Zauber im Spiel war) im Kühlschrank zu haben. Ich liebe ihn einfach. Irgendwann bringe ich den auf den Markt und verlange dann 25 € für 500 g. Bis es so weit ist, teile ich aber erstmal mein Rezept mit euch.

Zutaten

- 500 g (2 Cups) Cottage Cheese
- 60 ml (¼ Cup) Ahornsirup
- 2 TL Vanilleextrakt
- 200 g (2 Cups) Mandeln, gerieben
- 60 g (½ Cup) eures liebsten Proteinpulvers mit Vanillegeschmack
- 150 g (1 Cup) Schokodrops

Rezept

1. Sportlich geben wir Cottage Cheese, Ahornsirup und Vanilleextrakt in einen Mixer und verarbeiten diese Zutaten zu einer feinen Masse.

2. Nun geben wir unser Gemisch in eine Schüssel, in der wir behutsam die geriebenen Mandeln, das Proteinpulver und die Schokodrops einarbeiten. Das Ergebnis darf ruhig ein bisschen chunky sein!

3. Jetzt füllen wir den Teig in einen verschließbaren Behälter, zum Beispiel ein Einmach-Glas. Oft, wenn ich Heißhunger auf Süßes habe, genieße ich ein paar Löffel davon (versteht mich nicht falsch, wenn das meinen Heißhunger nicht befriedigt, esse ich schon ein Stück Torte). Seid gewarnt: Wenn ihr zu viele Löffel davon genießt, bekommt ihr fürchterliche Blähungen aus der Hölle. Guten Appetit!

Chocolate Orange Energy Balls

Rezept

1. Okay, dieses Rezept ist ein bisschen messy und dafür entschuldige ich mich bereits jetzt. Entweder, ihr gebt die Zutaten für die Energy Balls in einen Hochleistungsmixer und vermengt sie, bis sie eine einheitliche Masse ergeben. Oder ihr macht das Ganze händisch mithilfe einer Gabel, was nicht unmöglich ist, wenn eure Datteln weich genug sind (oft hilft es, sie ein paar Stunden vorher in heißes Wasser einzulegen).

2. Nun formen wir unsere dattelige Mischung zu kleinen Energy Balls. Sobald uns das gelungen ist, vermengen wir alle Zutaten für die Glasur und träufeln sie über die Bällchen. Das Auge isst ja angeblich mit, also streuen wir als letztes Dekoelement noch ein paar Orangenzesten obendrauf, ehe die Energy Balls für 2 bis 3 Stunden in den Kühlschrank kommen. Dann erst dürfen wir naschen!

Mein Freund Dominik und ich haben im Januar unseren Jahrestag und zufällig ist das auch der Monat, in dem wir meistens keinen Alkohol trinken und uns sehr bewusst ernähren. Das nehmen wir sehr ernst und verzichten dann auch an unserem Jahrestag auf Champagner-Regen und Tortenstücke. Ich erinnere mich ganz genau an einen Jahrestag, an dem Dominik für mich „Raw-Pralinen" zubereitete, während ich ihn (weniges liebt er mehr als die Geschmackskombination aus Schokolade und Orange) mit diesen Energy Balls überraschte. Ich mache sie regelmäßig und sie sind immer ein großer Hit, auch wenn wir uns ganz normal ernähren.

Zutaten

Für die Balls
250 g (2 ¼ Cups) Mandeln, gerieben
70 g (½ Cup) Mandeln, gestiftelt
80 ml (⅓ Cup) Ahornsirup
8 EL Kakaopulver
200 g (1 Cup) Medjool-Datteln ohne Kerne
Zesten von 2 Orangen
Saft von ½ Orange
bisschen Salz

Für die Glasur
40 ml (2 ½ EL) Mandelmus
50 ml (3 ½ EL) Kokosöl
25 ml (1 ½ EL) Hafermilch
15 ml (1 EL) Dattelsirup
1 EL Kakaopulver
Zesten von 1 Orange, plus ein paar Orangenzesten für die Dekoration
Saft von ½ Orange

10 MAHLZEITEN, AN DIE ICH HEUTE NOCH DENKE

Das Schöne an gutem Essen ist, dass es Erinnerungen schafft. Ein Bissen der Sacherschnitten meiner Oma – mein Lieblingskuchen aus Kindheitstagen – transportiert mich zurück in die langen Sommertage meiner Kindheit, die ich im kühlen Haus meiner Großmutter verbracht habe. In diesem Kochbuch findet ihr einige Rezepte zu hausgemachten Speisen, die für mich emotionale Bedeutung haben. Da ich jemand bin, der viel reist und gerne essen geht, sind mir aber auch zahlreiche Speisen, die ich unterwegs zu mir genommen habe, bis heute in Erinnerung geblieben.

Nicht selten drehe ich mich zu meinem Freund Dominik um und sage wie aus dem Nichts: „Erinnerst du dich an diese gigantische Buchtel, die wir vor acht Jahren in der Steiermark gegessen haben? Was würde ich dafür geben, wieder so eine zu essen …“ In diesen kulinarischen Erinnerungen zu schwelgen, ist für mich der ultimative Komfort, und manche davon möchte ich euch nicht vorenthalten.

1. Rigatoni Ragù im Soho House Amsterdam

Bei meinem ersten Trip nach Amsterdam habe ich mich verhalten wie ein typischer Tourist und bei Boerejongens ein Viertel eines Cannabis Red Velvet Cake gegessen. Erst habe ich mir noch eingeredet, dass ich die Effekte gar nicht spürte, sicher weil ich so ein hartgesottener Kerl war, aber eine Stunde später war ich auf dem Klo unseres Hotelzimmers gefangen, weil ich dessen Tür für eine Schiebetür hielt, obwohl es keine war, und minutenlang mit voller Kraft versuchte, sie aufzuschieben. Mein Freund war verständlicherweise sauer, dass wir unsere Abendessen-Reservierung ob meines Zustands sausen lassen mussten. Aber die Rigatoni Ragù, die ich stattdessen beim Room Service bestellte, waren womöglich die köstlichste Pasta, die ich je gegessen habe.

2.
Die „Fudgie the Whale"-Eiscremetorte aus New York

Amerika ist wirklich das Land der unbegrenzten Möglichkeiten. Nirgendwo sonst kannst du die spontane Idee bekommen, dir über einen Lieferservice eine ganze Eiscremetorte namens „Fudgie the Whale" zu bestellen, und dich bereits 15 Minuten später mit einem Löffel bewaffnet über sie hermachen, so wie ich es im Juni 2019 in New York getan habe. Es ist nicht gelogen, wenn ich sage, dass ich in schlaflosen Nächten gerne an diesen süßen Wal denke (und dann erst recht nicht einschlafen kann, weil ich Heißhunger auf die Köstlichkeit aus Übersee bekomme). Fudgie ist eine Erfindung der amerikanischen Eiscrememarke Carvel und besteht aus einer Schicht Vanilleeis, Schoko-Crunchies, einer Schicht Schokoeis und – wie der Name bereits verraten mag – einer dicken Schicht Fudge. Ich würde manchmal gerne in die USA ziehen, aber vor allem wegen Fudgie. Mit Sicherheit ist es diese Torte, die die Leute meinen, wenn sie vom „American Dream" sprechen.

3.
McFlurry in Neusiedl

Vor ein paar Jahren war ich eine Woche lang zum Suppenfasten im Kurhaus Marienkron im Burgenland. Das war an sich eine gute Erfahrung, aber am dritten Abend bekam ich nach meiner klaren Gemüsesuppe enormen Heißhunger auf einen McFlurry (für mich eines der Top-3-Desserts auf der ganzen Welt), welcher natürlich nicht auf dem Speiseplan des Kurhauses stand. Mit letzter Kraft hievte ich mich nach meiner Suppe klammheimlich in mein Auto und fuhr 20 km zum McDonald's nach Neusiedl, bei dem ich mir in einem konspirativen Ton einen McFlurry bestellte, von dem ich jeden Löffel genoss. Es bleibt bis zum heutigen Tag der beste McFlurry, den ich je gegessen habe, und ich denke immer gerne daran.

4.
Kaninchen im Gregans

Irland 2018. Bei einer Rundreise mit Freundinnen tuckern wir in unserem viel zu kleinen Auto von einem schlechten Hotel zum anderen. Weil wir immer erst abends anreisen und 21:00 Uhr in Irland offenbar zu spät ist für ein richtiges Abendessen, bekommen wir in unseren Unterkünften meistens nur einen lauwarmen Käsetoast zu unserem Guinness serviert. Doch eines Abends landen wir im Gregans, einem kleinen Schlosshotel, in dem schnurrende Katzen auf der Fensterbank liegen und es ein Restaurant gibt, in dem man uns tatsächlich noch etwas zubereiten will. Ich bestelle einen Americano (den Cocktail, nicht den Kaffee) und esse Kaninchen. Der Kellner sagt, dass ich beim Essen vorsichtig sein muss, weil es sein kann, dass ich in dem Fleisch noch ein bisschen Munition finden kann, weil das Kaninchen ganz frisch geschossen wurde.

5. Rhabarberstrudel auf den Aran-Inseln im Radharc B&B

Es war während desselben Irland-Urlaubs, als wir einen Ausflug auf die Aran-Inseln unternahmen, den man sich – unter uns – tatsächlich auch sparen kann. Vor Abfahrt der Fähre beschlossen wir leichtherzig, all unsere Wertgegenstände – Kamera, Laptop, Schmuck – im Auto zu lassen, da wir es sowieso abschlossen. Als wir gerade über die Insel schlenderten und feststellten, dass es dort nichts gab, tauchte auf einmal ein Bed and Breakfast vor uns auf, das auf einem Schild mit frischem Rhabarberstudel warb. Er wurde mit Custard und Cream sowie einem Glas Milch serviert und bleibt bis zum heutigen Tag der beste Rhabarberstrudel, den ich je gegessen habe. Als wir zurück am Festland waren, stellten wir fest, dass wir unser Auto mit den Wertgegenständen zwar abgeschlossen, dafür aber das Fenster sperrangelweit offen gelassen hatten. Trotzdem war noch alles da. Glück im Unglück und ein guter Strudel? Ein perfekter Tag!

6. Fleischknödel in Kaumberg

Obwohl ich wirklich nicht religiös bin, pilgere ich gerne mal zu Fuß nach Mariazell. Der Wallfahrtsweg ist ein schöner, fünftägiger Spaziergang durch die Natur. Mein einziger Kritikpunkt: Kulinarisch ist diese Route ein absoluter Flop. Man möchte meinen, dass am Weg unzählige kleine Konditoreien wären; tatsächlich aber muss man sich an manchen Stationen schon freuen, wenn man einen Automaten-Kaffee bekommt. Tagelang ernährte ich mich vor allem von Thunfisch aus der Dose und anderen Convenience-Produkten. Daher war es für mich eine regelrechte Offenbarung, als ich in Kaumberg ankam und dort im Gasthaus Kirchenwirt auf der sonnigen Terrasse zwei Fleischknödel mit einem Berg Speck-Sauerkraut serviert bekam. Eine nahezu religiöse Erfahrung.

7. Frische Fische von Tante Vera

Schon als Kind besuchte ich mit meiner Familie fast jeden Sommer die kroatische Insel Pašman, die bis zum heutigen Tag einer meiner liebsten Urlaubs-Spots ist (aber bitte sagt es niemandem ;)). Dort besuchten wir gerne unsere Nachbarn und Freunde Tante Vera und Onkel Bello, die – wie das oft so ist – nicht wirklich meine Tante und Onkel sind, aber ihre Rollen sehr gut spielten. Vera ist auf der Insel aufgewachsen und kennt daher die Gepflogenheiten der Region. So kam es, dass sie an einem besonders heißen Sommertag in den örtlichen Supermarkt verschwand und mit einer „Angel" (in diesem Fall einer durchsichtigen Schnur mit einem Haken dran) zurückkehrte, ehe sie ankündigte, sie werde uns jetzt Mittagessen fangen. Sowas hatte ich noch nicht gesehen: Völlig ruhig beugte sich Vera über das Meer und fing mit dieser improvisierten Angel in Windeseile drei kleine Fische, die sie zuhause filetierte und als Mittagessen mit Mangold für mich zubereitete. Sie waren absolut köstlich und brachten mich – einen damals siebenjährigen Jungen mit selektivem Essverhalten – dazu, Fisch zu lieben. Weil es so leicht ausgesehen hatte, habe ich bei meinen Urlauben auf der Insel probiert, ebenfalls Fische zu fangen. Es ist mir bis dato noch nicht gelungen. Das können vielleicht nur Einheimische.

8.
Matzoh Ball Soup bei Katz's Delicatessen

Wer „Harry & Sally" gesehen hat, kennt Katz's Delicatessen als schniekes Diner, in dem Meg Ryan einen Orgasmus vortäuscht. Was bei all dem Tamtam völlig in den Hintergrund gedrängt wird, ist die Tatsache, dass man an diesem Ort ganz herrliche Matzoh Ball Soup essen kann, wie ich bei meinem New-York-Urlaub im November 2022 erfahren durfte. Das ist eine Suppe, in der ein gigantischer Knödel aus Matzemehl schwimmt. Wer mich kennt, weiß, dass ich Suppe ja eigentlich hasse (zu heiß; nimmt einem den Hunger auf die Vorspeise), aber für diese Suppe würde ich getrost wieder um die halbe Welt reisen.

9.
Chocolate Bomb bei The Ivy

Als kleiner Comedy-Nerd reiste ich im August 2023 nach Schottland, um dort das berühmte Comedy-Festival „Edinburgh Fringe" zu besuchen und mir eine Woche lang fünf Stand-up-Shows pro Tag anzusehen. Die Tage waren schön, aber stressig, und der Funke zwischen Edinburgh und mir ist nicht ganz übergesprungen: Die Stadt war voll, die Schotten durchgehend betrunken und ich erwischte mich vor allem dabei, wie ich zwischen den Shows im Park Sandwiches verdrückte, um ja nicht allein in ein Restaurant gehen zu müssen. Am fünften Tag meiner Reise hat es mir gereicht. „Genug! Stoppt den Wahnsinn!", dachte ich mir und ergatterte spontan einen Tisch für eine Person in der Restaurant-Kette The Ivy, wo ich prompt Vorspeise, Hauptspeise und Nachspeise zu mir nahm. Warum sollte ich es mir schlecht gehen lassen, nur weil ich allein war? Der wahre Star dieses Solo-Lunch-Dates war jedoch die „Chocolate Bombe", für die The Ivy berühmt ist. Auf einem Bett aus fluffigem Milchschaum wird eine große, mit Vanilleeis gefüllte Schoko-Kugel platziert und dann auch noch mit Salted Caramel übergossen. Hammergeil! Ich kann mich wirklich nicht an alle Comedians erinnern, die ich bei dieser Reise live gesehen habe, aber dieses Dessert wird mir für immer in Erinnerung bleiben. Falls es euch jemals in ein The-Ivy-Restaurant verschlägt, esst bitte eine Chocolate Bombe und denkt an mich.

10.
Die größte Buchtel der Welt in der Buchtelbar in Wenigzell

Ich gestehe, dass ich mich sehr leicht von Dingen begeistern lasse, die entweder viel größer oder viel kleiner sind, als sie eigentlich sein sollten. Als ich Wind davon bekam, dass es an einem sagenumwobenen Ort namens „Gasthaus Buchtelbar" im steirischen Wenigzell eine Riesenbuchtel gab, bildete sich sofort Schaum vor meinem Mund und ich setzte mich für 1 Stunde und 45 Minuten ins Auto, um diese Food-Sensation zu probieren. Das – aus mir unerfindlichen Gründen australisch dekorierte – Lokal war aufgrund einer Faschingsfeier gerade zum Bersten voll mit verkleideten Kindern. Ich bin an diesem Tag also fast zwei Stunden angereist, um mit lauten Kindern in einem australisch inspirierten Lokal mitten in der Steiermark zu sitzen. Aber die riesige Buchtel mit Vanillesauce war wirklich so gut, dass ich das jederzeit wieder tun würde.

Entertaining

Mit Beginn eines jeden neuen Jahres ist es Teil meiner guten Vorsätze, endlich die Sorte Person zu werden, die regelmäßig Dinnerpartys schmeißt. Dann, so male ich mir vor meinem inneren Auge aus, werde ich todschick gekleidet durch meine Wohnung stolzieren, während der Duft eines goldbraunen Brathuhns den Raum erfüllt und mein halber Freundeskreis schallend lachend um einen fabelhaft gedeckten Tisch sitzt. Hach, niemandes Leben ist perfekt, aber meines ist ziemlich nah dran!

Muss ich erwähnen, dass ich Jahr für Jahr an diesem Vorsatz scheitere? Dinner-Partys mögen ja in der Theorie ganz nett klingen, aber in der Realität wäre es mir viel zu stressig, Essen und Drinks für acht Leute gleichzeitig auf den Tisch zu zaubern. Und dann auch noch drei Gänge? Nie im Leben. Wenn sich meine Gäste auch noch ein Dessert erwarten, schicke ich sie in die McDonald's-Filiale ums Eck und lege ihnen einen McFlurry ans Herz – in meinen Augen des beste Dessert aller Zeiten.

Weil ich nicht wie ein asozialer Einsiedlerkrebs leben möchte, erlaube ich alle heiligen Zeiten Besuch in meiner Wohnung. Dafür hat es sich als äußerst angenehm erwiesen, diese Zusammenkünfte eher als ungezwungene „Gatherings“ zu betrachten. Schon lange habe mich von dem Anspruch verabschiedet, meinen Gästen mit Steaks, Ossobuco oder anderem Schnickschnack aufzuwarten, den sie genau so gut im Restaurant essen könnten. Meine Erfahrung hat mich gelehrt, dass die meisten Gäste auf Hausmannskost abfahren und es vor allem wichtig ist, reichlich Alkohol zu servieren; Drink-Rezepte findet ihr in diesem Kapitel daher zur Genüge. Na dann: Prost!

Kapitel
4.

Nuri-Sardinen-Aufstrich

Der Nuri-Aufstrich ist ein legendäres Rezept meiner Großmutter väterlicherseits. Wenngleich ich zu ihren Lebzeiten nicht so sehr darauf abgefahren bin wie auf ihre Sacherschnitten von S. 184 (aber welches Kind liebt schon Sardinen?), bin ich dieser Tage verrückt nach dem Ding. Der Aufstrich ist im Handumdrehen gemacht und bei meinen Gästen nicht selten das beliebteste Gericht des Abends, was besonders schmerzt, da ich für die anderen Gänge in der Regel fünfmal so lange in der Küche stehe. Aber was soll's, der Aufstrich ist halt einfach wirklich gut.

Zutaten

- 1 Dose Nuri-Sardinen in scharf gewürztem Olivenöl
- 2 Eier, hart gekocht
- 1 EL Butter
- 1 EL Estragonsenf
- 1 EL Mayonnaise
- 1 sehr kleine Zwiebel
- 1 eingelegte Gewürzgurke
- 1 Prise Salz

Rezept

Wir geben alle Zutaten in eine Schüssel. Dann nehmen wir einen Handmixer und verquirlen die Zutaten grob damit – bitte auf keinen Fall pürieren! Der Aufstrich ist leicht scharf, aber nicht salzig. Ihr könnt nun also kosten und ihn bei Bedarf nachsalzen. Fertig!

Ich denke, wir alle können uns einig sein, dass wir an einen Punkt angekommen sind, an dem wir wirklich niemanden mehr mit einer herkömmlichen roten Shakshuka – so sehr ich sie auch lieben mag – beeindrucken können. Eine grüne Shakshuka dagegen ist ein Gericht, das die wenigsten meiner Gäste bereits kennen, und ich mag den Gedanken, dass ihnen diese Brunch-Köstlichkeit noch Wochen, nachdem sie den letzten Bissen vertilgt haben, in Erinnerung bleiben wird. „Letztens waren wir bei Michi, und da gab es eine grüne Shakshuka! Hast du sowas schon mal gehört?", werden sie ihrem Umfeld mit Sicherheit noch monatelang erzählen, und das zaubert mir ein Lächeln auf die Lippen.

Grüne Shakshuka

Zutaten

Für 4 Personen

- 3 EL Olivenöl
- 1 gelbe Zwiebel, dünn geschnitten
- 750 g Mangold, Stängel und Blätter getrennt zerhackt
- 2 Knoblauchzehen, dünn geschnitten
- 80 ml (⅓ Cup) Sahne
- Salz
- 6 große Eier
- Pfeffer
- 150 g (½ Cup) Feta
- 1 Avocado, in Scheiben geschnitten
- 1 Jalapeño oder andere grüne Chili, geschnitten
- Koriander, gehackt
- scharfe Sauce
- 1 Limette, geviertelt

Rezept

1. Wir erhitzen das Olivenöl bei mittlerer bis niedriger Hitze in einer gusseisernen Pfanne, geben dann die Zwiebel und die Mangoldstängel dazu und braten diese ca. 5 Minuten lang, bis sie anfangen, weich zu werden. Jetzt geben wir für weitere 5 Minuten den Knoblauch dazu.

2. Wir stellen die Hitze mittelhoch und geben die Mangoldblätter in die Pfanne, bis sie zusammenfallen – das dauert so 3 bis 5 Minuten. Dabei solltet ihr ab und zu mal umrühren. Dann fügen wir die Sahne und ein bisschen Salz dazu und vermengen alles grob.

3. In unseren gekochten Mangold machen wir nun 6 kleine Mulden für – richtig geraten! – die Eier! In jede Mulde geben wir 1 Ei, ehe wir die Hitze reduzieren, einen Deckel auf die Pfanne geben und unser Gericht 7 bis 9 Minuten vor sich hin schmurgeln lassen, bis die Eier halbwegs durchgegart sind (gerne kürzer, falls ihr weichere Eier wollt).

4. Jetzt nehmen wir den Deckel ab und verfeinern unsere grüne Shakshuka mit Salz und Pfeffer, ehe wir den Feta darüber zerbröseln und das Gericht mit Avocado, Jalapeño und jeder Menge Koriander anrichten. Gerne mit scharfer Sauce und Limette servieren.

Angekokelter Lachs

An diesem Gericht weiß ich zu schätzen, dass es im Handumdrehen gemacht ist – man muss nur ein genaues Auge darauf werfen, während es im Ofen ist – und sich trotzdem besonders anfühlt. Ich würde das getrost bei einem ersten Date servieren, denn nichts sagt „Ich möchte dich gerne nackt sehen!" so wie ein leicht angebranntes Lachsfilet. Wer extravagant sein will, kann dazu auch einen Klecks japanischer Mayonnaise servieren.

Rezept

1. Wir bereiten die Marinade vor, indem wir Tamari, Honig, Orangensaft und Ingwer miteinander vermengen. Davon heben wir uns 3 EL auf und stellen sie beiseite. Den Rest füllen wir in einen Gefrierbeutel, geben die Lachsfilets dazu und lassen sie 15 Minuten im Kühlschrank marinieren.

2. Während dieser Wartezeit kümmern wir uns um unsere Beilage. Erst geben wir den Sesam für 2 bis 3 Minuten bei mittlerer Hitze in eine Pfanne. Dann schneiden wir die Gurke in hauchdünne Scheiben, am besten mit einer Mandoline, und vermengen sie mit den restlichen Zutaten, also den Jalapeño-Stücken, dem Zitronensaft, dem Olivenöl, dem Salz und dem Sesam, ehe wir ein bisschen Dill darüber drapieren. Beilage fertig!

3. Jetzt geben wir Alufolie auf ein Backblech. Ich weiß, das erscheint ungewöhnlich, aber vertraut mir bitte ein einziges Mal! Wir schmeißen die Grillfunktion unseres Backofens an, geben die Lachsfilets auf die Alufolie und lassen sie 5 Minuten im Ofen.

4. Vorsichtig ziehen wir nun das Blech nach draußen, träufeln 1 ½ EL der Marinade auf die Filets und schieben das Blech für 1 Minute in den Ofen.

5. Okay, anstrengend, ich weiß, aber jetzt ziehen wir das Blech nochmal raus, geben nochmal 1 ½ EL der Marinade obendrauf und schieben dann alles nochmal für 1 Minute in den Ofen, bis der Lachs schön angekokelt ist.

Zutaten

Für 2 Personen

Für den Lachs

- 80 ml (⅓ Cup) Tamari
- 2 EL Honig
- 2 EL Orangensaft
- 1 EL Ingwer, gerieben
- 2 Lachsfilets

Für den Salat

- 1 EL Sesam
- 1 Gurke
- ½ Jalapeño oder andere grüne Chili, in kleine Stücke geschnitten
- 2 EL Zitronensaft, frisch gepresst
- 1 EL Olivenöl
- ¼ TL Salz
- 1 EL Dill, gehackt

Charcuterie-Platte, Michi-Style

Falls ihr die letzten drei Jahre nicht mit einem strengen Digital Detox verbracht habt, bei dem absolut keine sozialen Netzwerke erlaubt sind, habt ihr auf Instagram sicher bereits jemanden darüber schwärmen hören, wie toll Charcuterie-Platten sind. Wenn Gäste kommen, so argumentieren findige Blogger*innen, könne man einfach aufgeschnittenen Käse, Wurst, Weintrauben und ein paar Cracker malerisch auf einem Holzbrett arrangieren, und es sei ein absoluter Hingucker sowie der perfekte Party-Snack.

Na, ich weiß ja nicht. Ich für meinen Teil habe ja schon Probleme damit, mir den Namen dieses Trend-Foods zu merken und nenne es abwechselnd „Shark Koochy"- oder „Coochie Coo"-Platte. Darüber hinaus lasse ich mich von einem kunstvollen Arrangement leider nicht blenden: Ich bin mir beim Nibbeln durchgehend sehr bewusst, dass ich da halt einfach nur Wurst und Käse esse und das nun wirklich nichts Besonderes ist.

Daher habe ich über die Jahre meine eigene Version einer Charcuterie-Platte entwickelt, die sich auf unzähligen Festen bei mir zuhause als absoluter Hit entpuppte. Ich präsentiere: die Fast-Food-Charcuterie-Platte! Dafür klappert ihr im Vorfeld einfach die beliebtesten Fast-Food-Filialen in eurer Umgebung ab und kauft Pommes, Burger, Chicken Nuggets und Pizza, die ihr zuhause in mundgerechte Happen schneidet und schön auf einem Brett anrichtet.

Gäste lieben diesen trashigen Twist und loben nicht selten die Tatsache, dass ich all ihre Guilty-Pleasure-Mahlzeiten auf einer Platte vereint habe. Daraus schließe ich, dass die meisten Leute Fast Food lieben, ihr Leben aber gerade noch genug unter Kontrolle haben, sodass sie nicht erst einen Burger-Laden und kurz danach eine Pizzeria betreten. Wo sonst kann man sich all diesen Geschmäckern direkt nacheinander hingeben? Hmm … nur in einem dieser fürchterlichen Restaurants im Burgenland vielleicht, in denen die Speisekarte 40 Seiten hat und sowohl Schnitzel als auch Sushi, Burger und Pizza angeboten werden, der einzige rote Faden jedoch bleibt, dass alles grauenhaft schmeckt. Da ist meine hervorragende Charcuterie-Platte doch mal eine willkommene Abwechslung!

KÄSE-FONDUE

Es amüsiert mich ohne Ende, dass meine Gäste immer völlig aus dem Häuschen sind, wenn ich sie zum Käse-Fondue bei mir zuhause einlade. Ahnen sie denn nicht, dass das einer meiner kleinen psychologischen Tricks ist? Dass ich mir insgeheim denke: „Mensch, ich glaube, ich bin dran mit dem Einladen, aber ich will wirklich nicht kochen, also zerschmelze ich einfach ein bisschen Käse und lasse die Leute den Rest selbst machen"? Dreist, wie ich bin, gehe ich dann sogar noch so weit, meine Gäste zu all den Dingen einzuteilen, die über „Käse zerschmelzen" hinausgehen. „Manu, kaufst du bitte das Brot, und Sarah, wäre es möglich, dass du ein bis zwei Salate mitbringst?", frage ich dann und niemand hat auf diese Frage je Nein gesagt, vermutlich weil sie sich denken: „Puh, Michi hat sicher alle Hände voll damit zu tun, Käse in einen Topf zu schmeißen und zu zerschmelzen, also helfe ich ihm besser!"

Wenn sie dann mit vollen Händen bei mir ankommen, liegt schon der herzhafte Duft von Käse in der Luft und die Vorfreude steigt ins Unermessliche. Spätestens beim ersten Bissen von mit Käse überzogenem Brot kommen alle aus dem Staunen nicht mehr heraus. Besonders gefällt mir, dass meine Gäste mich ohne Ende loben und so tun, als hätte ich mir eine Heidenarbeit angetan. Dabei bestand die einzige Schwierigkeit darin, die Brennpaste zum Brennen zu bringen und im Vorfeld nicht bereits zu viel Käse zu naschen. Käse-Fondue ist einfach nur Schall und Rauch; ein David-Copperfield-artiger Zaubertrick, um eure Gäste effektiv hinters Licht zu führen, und ich möchte euch dringlich dazu raten, es bei eurer nächsten Dinner-Party auszuprobieren.

Loaded Nachos

Zutaten

Für 4 Personen
1 Zwiebel
1 Knoblauchzehe
1 EL Olivenöl
2 EL Tomatenmark
1 Dose stückige Tomaten à 400 g
1 Dose schwarze Bohnen à 400 g
½ Bund Koriander
1 Packung (ca. 120 g) Nachos
½ TL Paprikapulver
½ TL Cayennepfeffer
Salz
250 g (3 Cups) Cheddar, gerieben
80 g eingelegte Jalapeños
ein paar eingelegte rote Zwiebeln (S. 133)

Rezept

1. Wir heizen den Ofen auf 225 Grad Ober-/Unterhitze vor und hacken Zwiebel und Knoblauch in kleine Stücke.

2. Juhu, wir machen Chili! Zuerst geben wir das Olivenöl bei mittlerer Hitze in die Pfanne und fügen Zwiebel und Knoblauch hinzu. Nach 2 Minuten sollte der Pfanneninhalt gut duften, also geben wir nun das Tomatenmark und die Tomatenstücke aus der Dose dazu und rühren ein paar Mal gut um. Nun gießen wir die Bohnen ab und geben sie in unsere Pfanne, wo wir alles bei niedriger Hitze 10 Minuten vor sich hin blubbern lassen.

3. Wir schneiden den Koriander in kleine Stücke.

4. Die Nachos verteilen wir auf einem Backblech mit Backpapier und würzen sie mit Paprikapulver, Cayennepfeffer und Salz nach Belieben.

5. Endlich wird's geil, denn wir verteilen nun unser Chili aus der Pfanne über den Nachos und streuen dann frivol den geriebenen Cheddar darüber. Für 10 Minuten in den Ofen!

6. Schlussendlich verteilen wir unsere Jalapeños, den Koriander und die pinken Zwiebeln auf den Nachos und greifen zu. Ein fantastischer Genuss!

Lifehack: Wer Reste vom Chili von S. 130 hat, kann einfach diese verwenden und auf Schritt 2 und alle damit einhergehenden Zutaten verzichten.

Als Gastgeber komme ich mir manchmal etwas faul vor, wenn ich meinen Gästen einfach eine Schüssel Chips oder Nachos vorsetze und ihnen viel Spaß beim Snacken wünsche. Um dem Knabbern dieses gewisse je ne sais quoi zu geben, mache ich gerne „Loaded Nachos", was unter uns nur die neumodische Art und Weise ist, „Nachos mit allerhand verschiedenem Zeug drauf" zu sagen.

Buttermilch-Huhn

Zutaten

Für 4 Personen
einige Hühnerteile zum Frittieren (Unterkeulen, Oberkeulen, Flügel, halbierte Brustfilets)
1 ½ TL Salz
240 g (2 Cups) Mehl
1 TL Knoblauchpulver
½ TL Zwiebelpulver
¾ TL Cayennepfeffer
½ TL Pfeffer, frisch gemahlen
360 ml (1 ½ Cups) Buttermilch
Olivenöl
6 Rosmarinzweige
Honig zum Servieren

Ich weiß nicht, warum immer alle so Angst vorm Frittieren haben. Erzähle ich Freunden, dass ich letztens Backhuhn zubereitet habe, greifen sie sich meist schockiert auf ihr Perlenhalsband und lassen ihre Kinnlade fallen: „Das tust du dir an? Dann riecht ja die Wohnung tagelang nach Frittiertem“, sagen sie, als wäre das was Schlechtes. Naja, jeder nach seiner Fasson. Getreu dem Motto: „It's my party and I'll fry if I want to“, tue ich es einfach und denke nicht zu viel darüber nach. Außerdem lieben Gäste dieses frittierte Buttermilch-Huhn. Ich finde ja, wir alle sollten mehr frittieren.

Rezept

1. Erst lassen wir die Hühnerteile Raumtemperatur erreichen (ca. 25 Minuten lang – die ideale Länge, um die Folge einer Serie zu schauen!).

2. Wir waschen die Hühnerteile gründlich und trocknen sie dann mit Küchenpapier ab, ehe wir sie auf beiden Seiten mit ½ TL Salz würzen.

3. In einer großen Schüssel vermischen wir Mehl, Knoblauchpulver, Zwiebelpulver, Cayennepfeffer, Pfeffer und 1 TL Salz. Und wir gießen die Buttermilch in eine mittelgroße Schüssel.

4. Nun wälzen wir die Hühnerstücke in der Mehlmischung, sodass jedes Stück vollständig bedeckt ist, tauchen es dann in die Buttermilch und dann wieder in die Mehlmischung. Bei diesem Prozess werden eure Finger so richtig teigig, also vielleicht müsst ihr sie zwischendurch waschen. Sorry dafür!

5. Jetzt füllen wir einen großen, schweren Topf mit etwa 3 oder 4 cm Öl (ich nehme dafür meistens preiswertes Olivenöl, aber ihr könnt zum Beispiel auch Sonnenblumenöl verwenden) und erhitzen es auf mittlerer Hitze, bis ein Frittieröl-Thermometer 160 Grad anzeigt.

6. Nun geben wir sehr vorsichtig die Hühnerteile mit der Hautseite nach unten in unseren Frittier-Topf.

7. Frittieren, gelegentlich wenden, 12 bis 18 Minuten lang, bis die Stücke rundum goldbraun, knusprig und durchgegart sind. Dann auf einem Gitter abtropfen lassen.

8. Schließlich frittieren wir die Rosmarinzweige etwa 30 Sekunden lang im heißen Öl, bis sie knusprig sind.

9. Wir servieren die frittierten Stücke heiß oder kalt mit dem frittierten Rosmarin. Nach Belieben Honig darüberträufeln. Ein Gedicht!

Michis Tipps für eine gelungene Dinner-Party

Gib ein paar Dinge vor

Regeln sind da, um den Spaß in Grenzen zu halten, und Gäste können nur davon profitieren, wenn man ihnen ein paar Dinge vorgibt. Ich bin zum Beispiel sehr streng in meiner Kommunikation, dass eine Einladung für 19 Uhr auch wirklich 19 Uhr bedeutet und nicht „zwischen 19 und 21 Uhr". Das betone ich mit der Drohung, dass ich nach 19:15 Uhr die Tür nicht mehr aufmache. Auch finde ich es wichtig, einen Dresscode zu kommunizieren. Einmal habe ich ein elegantes Abendessen mit mehreren Leuten geplant und wohl zu wenige Infos gegeben. So stand ich im Anzug da und manche Gäste kamen in der Jogginghose, weil sie dachten, es handle sich um eine „gemütliche Chillerei". Eine Chillerei mit Horsd'œuvres? Ich bitte dich, Clara! Aber ich konnte ihnen nicht mal böse sein, denn es war ja schließlich mein Fehler, keinen Dresscode vorgegeben zu haben.

Musik

Wenn Gäste kommen, mache ich immer das Radio aus und lege stattdessen eine schwungvolle Playlist auf. Immerhin wollen wir doch mal für einen Abend unseren Alltag und die Außenwelt vergessen! Nichts erstickt die Stimmung bei einem Abendessen so im Keim wie stündliche Nachrichtendurchsagen der Sorte „Ein Mann hat seine ganze Familie und dann sich selbst erschossen". Was will man denn danach sagen? „Hmm, tragisch. Möchte noch jemand einen Shrimp?" Meine Playlists sind natürlich auch nicht ganz willkürlich: Wenn die Gäste eintrudeln, spielt es entspannten Jazz, während des Essens Soul und Funk und wenn die Stimmung kippt, wechsle ich heimlich auf die 90er-Playlist.

Drinks

Alkohol ist wie Gleitgel für soziale Interaktionen und sollte für trinkende Gäste frei verfügbar sein. Wenn ich zwei Leute zum Abendessen einlade, habe ich kein Problem damit, ihren Getränkewünschen nachzukommen, aber sobald sich mehr Leute in meiner Wohnung einfinden, müssen sie sich selbst bedienen – ich habe wirklich keine Lust, im Minutentakt den Tisch zu verlassen. Hier hat es sich als besonders hilfreich erwiesen, einen großen Kübel mit Eis zu füllen und ein paar Flaschen Wein reinzustecken. Gäste, die Cocktails wollen, finden die Rezepte für ein paar Klassiker ausgedruckt in der Küche vor, gleich neben all den Zutaten und Utensilien, die sie dafür brauchen. Die perfekte Lösung! Sorry, Richard, aber Johanna serviert gerade den übelsten Klatsch und Tratsch über unsere gemeinsame Feindin – ich unterbreche diese Gossip-Session sicher nicht, um deine Alkoholsucht zu befriedigen. Mach's dir einfach selbst!

Ein einfaches Dessert

Klar, wir alle sind weit gereiste Kinder der Welt und trinken gerne den edelsten Naturwein aus diesem kleinen Dorf an der Loire. Aber ich habe die Erfahrung gemacht, dass sich selbst die vornehmsten meiner Gäste, die jeden zweiten Abend in einem Fine-Dining-Restaurant verbringen, am Ende eines Abendessens meistens über einen heißen Schokobrownie mit Vanilleeis und ein paar Streuseln obendrauf freuen. Jahrelang habe ich versucht, Gäste mit Crème brûlée oder Croquembouche zu begeistern, und festgestellt, dass der einfache Blechkuchen, den ich noch vom Vortag übrig hatte, meistens doch viel besser ankommt. Na, wenn dem so ist, tu ich mir in Sachen Dessert nie wieder etwas an.

Bitte geht nach Hause!

Natürlich spricht man bei einer Einladung immer aus, wann die Gäste kommen sollten, aber mittlerweile finde ich es genauso wichtig, bereits im Vorhinein zu definieren, wann sie bitte wieder gehen sollten. So vermeidet man diese unangenehmen Situationen, in denen man anfängt, den Abwasch zu machen und Fragen wie „Und, was habt ihr morgen so vor? Fahrt ihr eigentlich mit der U-Bahn oder mit dem Taxi wieder nach Hause?" zu stellen, während man sich langsam die Nachtzahnspange in den Mund schiebt. Man muss ja kein riesiges Banner mit der Aufschrift „Bitte geht vor 22 Uhr!" aufhängen, aber wir alle sind müde und brauchen unsere acht Stunden Schlaf. Mit einem einfachen „Kommt doch von 19 bis 22 Uhr zu mir zum Abendessen" als Einladung ist allen Beteiligten geholfen.

Bitte versucht gar nicht erst, beim Essen der Tacos elegant auszusehen, es wird euch nicht gelingen.

Lachs-Tacos

Im Sommer machen mein Freund Dominik und ich gerne Sommerfrische in der Steiermark. Sobald wir im Ferienhaus ankommen, schmeißen wir auf der Terrasse den Grill an, und dann läuft mir bereits das Wasser im Mund zusammen, denn ich weiß: „Gleich gibt's Lachs-Tacos!". Diese Speise schmeckt für mich so, wie sich ein langer und heißer Sommer anfühlt, und ist immer ein großer Hit bei sämtlichen Freunden, die uns besuchen kommen. Man braucht dafür übrigens weder Sommerfrische noch eine Terrasse oder einen Grill: Der Lachs kann auch, wie unten angeführt, im Ofen zubereitet werden. Oder ihr verwendet dafür einfach übrig gebliebenen Lachs aus dem Rezept von S. 103.

Zutaten

Für 2 Personen

Für die Salsa

- 140 g Cherrytomaten
- 1 Mango
- ½ Avocado
- 1 rote Chili
- 2 Frühlingszwiebeln
- 2 Limetten
- 1 TL Fischsauce

Für die Tacos

- 2 Lachsfilets mit Haut
- 2 TL Cajungewürz
- Öl zum Braten
- 4 kleine Tortillas
- ein paar Basilikumblätter (optional)
- ein bisschen Joghurt (optional)

Rezept

1. Für die Salsa zerstückeln wir die Tomaten, die Mango und die Avocado und schneiden die Chili sowie die Frühlingszwiebeln in dünne Scheiben. Wir vermengen all diese geschnippelten Zutaten gemeinsam mit dem Saft einer Limette und der Fischsauce in einer Schüssel.

2. Für die Zubereitung des Lachs entfernen wir die Haut von den Lachsfilets und werfen sie nicht etwa weg, sondern geben sie bei mittelhoher Hitze in eine beschichtete Pfanne, wo wir sie knusprig braten. Wisst ihr, wie geil knusprige Lachshaut ist? Ihr werdet es gleich herausfinden!

3. Jetzt reiben wir das Cajungewürz sinnlich in die Lachsfilets und werfen sie in die Pfanne mit dem Öl, wo wir sie pro Seite für 2 bis 3 Minuten anbraten, bis sie schön goldbraun sind.

4. In einer anderen heißen Pfanne können wir unterdessen die Tortillas kurz anbraten, bis sie Farbe bekommen. Oder ihr wartet einfach kurz und verwendet dafür die Lachspfanne; mir ist das egal!

5. Jetzt bauen wir unsere köstlichen Tacos – hier seid ihr tatsächlich ziemlich frei und könnt improvisieren, aber ich mache es gerne so: Ich nehme eine Tortilla und gebe zuerst ein paar Löffel der Salsa hinein, dann zerfleddere ich ein halbes Lachsfilet, lege es auf die Salsa und zerkrümle dann die krosse Haut darüber. Als Abschluss zupfe ich noch ein paar Basilikumblätter hinein und gebe einen Klecks Joghurt obendrüber. Das Ganze garniere ich dann mit einem Limettenstück.

Michis Spicy Margarita

Rezept

1. Wir zerstoßen die rote Chili mit dem Stiel eines Kochlöffels in unserem Cocktailshaker und reiben sie ein bisschen darin herum. Vertraut mir, das wird gut!

2. Jetzt geben wir Eiswürfel in den Shaker, gefolgt von dem Tequila, dem Agavendicksaft und dem Limettensaft. Gut schütteln!

3. Wir gießen den Cocktail in ein schönes, mit Eiswürfeln gefülltes Glas und achten dabei darauf, dass keine Chilikerne in das Glas geraten. Prost!

4. Wer will, darf den Drink mit einer Chilishote garnieren, denn das Auge trinkt ja schließlich mit.

Zutaten

Für 1 Person
1 kleine rote Chili
Eiswürfel
6 cl Tequila Reposado (das heißt einfach, dass er braun sein soll)
10 ml Agavendicksaft
30 ml Limettensaft, frisch gepresst

Wenn ihr schon mal im Soho House wart, kennt ihr womöglich den dort äußerst beliebten „Picante del Casa“-Cocktail, auf dem meine Margarita basiert. Versteht mich nicht falsch, der Picante ist absolut köstlich, aber wie immer weiß ich es natürlich auch hier ein bisschen besser und habe ihn optimiert, indem ich weniger Agavendicksaft und mehr Tequila verwende. Schließlich möchte ich einen angenehmen Rausch und keinen Zuckerschock.

SHORE
Handbuch des
stiebner

NEGRONI, BUCHINGER-STYLE

Als würde ich angesichts der Rezepte auf den vorigen und den folgenden Seiten nicht schon wie ein richtiger Hardcore-Trinker auf euch wirken, werde ich nun auch noch zugeben, dass mir ein klassischer Negroni einfach ein bisschen zu süß und nicht stark genug ist. Die Lösung liegt auf der Hand: Ich verwende einfach doppelt so viel Gin wie üblich. Und wenn ich schon dabei bin, mit der Tradition zu brechen, schüttle ich den Negroni auch, anstatt ihn zu rühren. Wenn schon, denn schon.

Zutaten

Für 1 Person
Eiswürfel
6 cl Gin
3 cl roter Wermut
3 cl Campari
1 Orangenscheibe (optional)

Rezept

1. Wir füllen einen Cocktailshaker mit Eis und geben den Gin, den Wermut und den Campari hinein. Jetzt schütteln wir, was das Zeug hält!

2. In ein Negroni-Glas, in dem gerne schon ein paar Eiswürfel sein dürfen, gießen wir jetzt unseren Negroni. Es ist immer schön, das fertige Getränk mit einer Orangenscheibe zu garnieren.

Michis Dirty Wodka Martini

Zutaten

Für 1 Person
Eiswürfel
8 cl Wodka
ein ganz leiser Hauch Wermut (optional)
1 TL Olivenlake
3 pralle grüne Oliven

Rezept

1. Wir füllen einen Cocktailshaker mit ein paar Eiswürfeln und fügen den Wodka, eventuell den Wermut sowie die Olivenlake hinzu, ehe wir kräftig schütteln.

2. In ein (am besten vorher eingekühltes) Martini-Glas geben wir die Oliven und schenken darauf unseren Martini ein. Prost!

Einmal saß ich mit einer Freundin bei mir zuhause im Wohnzimmer und habe sie vollgeplappert, wie sehr ich Martinis liebe (aber was ist sonst noch neu?), als sie sagte, sie habe jetzt richtig Lust auf einen. Sehr gut, genau darauf wollte ich hinaus! Prompt lief ich in die Küche und bereitete zwei meiner legendären Dirty Wodka Martinis für uns zu. Meine Freundin machte einen Schluck und konnte sich wahrscheinlich gerade noch davon abhalten, Feuer zu speien und dann Totenkopf-förmige Rauchschwaden auszuatmen. Offenbar hatte sie – wie so viele Leute – gedacht, ich würde mit „Martini“ einfach ein Glas weißen Wermuts meinen. Au contraire, meine Liebe. In meinem Martini ist fast nur Wodka und anstandshalber nur ein kleiner Hauch Wermut, den ich – unter uns – meistens aber auch ganz weglasse.

Eine Ode an den Dirty Wodka Martini

Man höre und staune: Ich, der passionierte Trinker Michael Buchinger, habe einmal ein ganzes Jahr bewusst auf Alkohol verzichtet. So genervt war ich von den mit Kater im Bett verbrachten Tagen, dem quälenden Durst und dem Juckreiz, den vor allem Wein bei mir hervorrief, dass es mir trotz des sozialen Drucks und des schieren Unverständnisses meines Umfelds nicht einmal schwerfiel, trocken zu bleiben.

Ein alkoholfreies Jahr bietet nicht nur die Gelegenheit, sich gegenüber allen Mitmenschen ein klein wenig überlegen zu fühlen (bis zum heutigen Tage erzähle ich gerne davon, meistens mit einem Drink in der Hand, obwohl es bereits in der fernen Vergangenheit liegt), sondern ist auch ein guter Anlass, völlig egozentrisch zu werden und den eigenen Alkoholkonsum genauestens zu hinterfragen.

„Habe ich etwa ein Alkoholproblem?", rätselte ich damals nicht selten, den Blick fragend in die Ferne gerichtet. „Führe ich ein Leben, aus dessen Realität ich mithilfe von Alkohol zu flüchten erhoffe? Bin ich tief in meinem Innersten etwa unglücklich?" Ich habe wirklich lange darüber nachgedacht (schließlich hatte ich plötzlich viel mehr Freizeit – mit einem militanten Antialkoholiker möchte nun wirklich niemand zu viel Zeit verbringen) und die Antwort auf all diese Fragen lautete: Nein!

Eines Tages während meines trockenen Jahres, vermutlich während ich gerade eine Tasse Kamillentee schlürfte, hatte ich eine regelrechte Offenbarung: „Ich trinke einfach den falschen Alkohol!", fiel es mir wie Schuppen von den Augen. Um ein Haar hätte ich ob dieses göttlichen Geistesblitzes beinahe mein Heißgetränk verschüttet!

Kein Wunder, dass es mir schlecht ging, wenn ich an einem Abend drei Aperol Spritz trank und damit mühelos meinen maximalen Tagesbedarf an Zucker deckte. Mit einer – wie sich später herausstellen sollte – Histaminallergie war es vielleicht auch nicht so clever, regelmäßig Wein zu kippen. Die Lösung lautete nicht, keinen Alkohol zu trinken, sondern stärkeren Alkohol zu trinken. Heureka!

Während ich zu Beginn meines alkoholfreien Jahres noch ausgiebig darüber sinnieren konnte, wie wenig Lust ich doch hatte, je wieder zu trinken, konnte ich

gegen Ende desselben Jahres fast nur noch darüber reden, wie sehr ich mich nach einem eisgekühlten Dirty Wodka Martini mit drei Oliven sehnte – einem Getränk, das so salzig, alkoholhaltig und teuflisch schmeckt, dass man gar nicht anders kann, als genüsslich daran zu nippen wie ein Bösewicht aus einer Telenovela.

Gesagt, getan. Am Ende meines alkoholfreien Jahres besuchte ich Das schwarze Kameel, eines meiner liebsten Restaurants in Wien, um den Fluch zu brechen, und bestellt einen Dirty Wodka Martini. Beim ersten Schluck des kalten Getränks war mir, als hätte ich endlich eine tiefe Wahrheit verstanden. Nach Jahren der fehlgeschlagenen Experimente hatte ich schließlich meinen Signature Drink gefunden. Wunder geschehen jeden Tag.

Was ich an Martinis liebe? Wie lange habt ihr Zeit? Beginnen wir mal bei der Glasform, denn allein die ist ja schon mal absolut iconic. Meine Freund*innen wissen über mein Faible Bescheid, und schenken mir zum Geburtstag gerne mal Schlüsselanhänger, Christbaumschmuck oder Ohrringe in Martiniglas-Form. Wer eine Karikatur von mir anfertigen wollte, hatte es dieser Tage einfacher denn je: Schnell mal einen bärtigen Typen mit Martini-Glas kritzeln, et voilà!

Darüber hinaus liebe ich es, dass ein Martini so intensiv nach Alkohol schmeckt, dass ich mich gezwungen sehe, ihn langsam zu trinken und so viel mehr Respekt vor meinem Drink habe. Bis zum heutigen Tag verpöne ich das hastige Trinken, wie es besonders Fans von Saft-artigen Gesöffen wie Hugo und Piña Colada kultivieren. Schleuse auf und runter damit? Nicht mit mir und meinem Martini – der wird genüsslich gesippt.

Einmal bereitete ich meinen liebsten Drink für eine Freundin zu, die ihres Zeichens eine leidenschaftliche Cosmopolitan-Trinkerin ist (trotz dieser groben Charakterschwäche mag ich sie sonst eigentlich ganz gerne). Nach dem ersten Schluck hustete sie, verschloss die Augen zu dünnen Schlitzen und jauchzte dann: „Puh, der schmeckt ja richtig nach Alkohol!" Gut so, Marlene, wir sind ja schließlich auch keine 14 mehr.

Es schadet natürlich nicht, dass ich mich mit meinem Lieblingsdrink in der Hand äußerst kultiviert fühle und beim Trinken so aussehe, als würde ich einen bösen Plan aushecken, um endlich die Weltherrschaft an mich zu reißen. Endlich kann ich mich in die Liga fabelhafter Ikonen wie Kris Jenner, Grace aus Grace & Frankie und natürlich auch James Bond einreihen. Es gibt schlechtere Gesellschaft.

Jene unter euch, die sich jetzt Sorgen machen, dass ich vom Antialkoholiker im Handumdrehen zum Martini-Trinker wurde, kann ich beruhigen. Denn ähnlich wie Dorothy Parker weiß ich, wann es genug ist. Die hat einmal gesagt: „I like to have a Martini, two at the very most. After three I'm under the table, after four I'm under my host", und genauso handhabe ich das auch. Wenn ihr mich jetzt entschuldigt … all dieses Schreiben über Martinis hat mich tatsächlich sehr durstig gemacht und ich bereite mir lieber mal einen zu. Prost!

Sieht scheiße aus, schmeckt aber gut

Kapitel 5.

Schaut, nicht jedes Gericht, das ich zubereite, kann so Instagram-tauglich aussehen, dass ein Bild davon tausende Likes und dutzende Kommentare mit dem bloßen Inhalt „Rezept!" generieren würde. Manche Dinge, die ich koche, sehen absolut scheiße aus – und ironischerweise sind es oft jene, die am besten schmecken.

Als ich meinen Freund Dominik kennenlernte, war ich anfangs ein bisschen überrascht davon, dass er mit Vorliebe Mahlzeiten zubereitete, die ich zu diesem Zeitpunkt getrost als „Gatsch" bezeichnet hätte: also große Töpfe an Currys, Suppen und Eintöpfen. Warum? Es half meiner Wertschätzung dieser Gerichte wahrscheinlich nicht, dass ich früher die Wörter „Eintopf" und „Einlauf" immer miteinander verwechselte, denn genau so sahen seine Kreationen für mich aus.

Heute, mehr als ein Jahrzehnt später, bin ich natürlich um einiges klüger, kenne den Unterschied zwischen Eintöpfen und Einläufen und weiß Erstere sehr zu schätzen. Oft handelt es sich dabei um nährstoffreiche Gerichte, die einfach gemacht sind und von denen man tagelang essen kann. Sehen sie gut aus? Nein, aber ich esse sie gerne, und deswegen werdet ihr in diesem Kapitel auch einige davon finden.

Auch die anderen Gerichte in diesem Kapitel sind wahrlich keine Hingucker und ich würde sie nie im Leben für Gäste kochen, aus Sorge, sie könnten einen Mordversuch in meinem Ofengemüse mit pechschwarzer Pfeffersauce vermuten. Beim Nachkochen dieser Rezepte werdet ihr euch vermutlich denken: „Puh, sieht ja ziemlich scheiße aus – muss das so sein?" Ja, muss es. Aber die Gerichte schmecken gut, und darauf kommt es an.

38. Bohnenknödel mit Zwiebelsuppe
39. Das beste Chili
40. Fischstäbchen-Mischmasch
41. Fleischlose Fleischbällchen
42. Das berühmte Gulasch meiner Mama
43. Kichererbsen-Kohl-Curry
44. Das Linsen-Blumenkohl-Gericht
45. Gemütliche Minestrone
46. Ofengemüse in Pfeffersauce
47. Quinoa-Chili

Bohnenknödel mit Zwiebelsuppe

Mein Leben ist um einiges besser geworden, seit mein Freund Dominik Teil davon ist und das nicht nur, weil er mir dieses Rezept für Bohnenknödel mit Zwiebelsuppe aus der Familie seiner Mutter offenbart hat. An dieser Speise schätze ich, dass sowohl die Knödel als auch die Suppe schnell gemacht sind und fantastisch schmecken. Wenn ihr kleine Leckermäuschen wie ich und immer auf der Suche nach dem ultimativen Genuss seid, solltet ihr die Knödel am nächsten Tag aufschneiden, in einer Pfanne anbraten, bis sie leicht knusprig sind und dann ebenfalls in der Zwiebelsuppe essen. Geilomatico!

Zutaten

Für 4 Personen

Für die Knödel

400 g (2 ½ Cups) Mehl

Salz

Petersilie, fein gehackt

Pfeffer

1 Dose weiße Bohnen à 400 g

Für die Zwiebelsuppe

1 große Zwiebel

3 EL Olivenöl

1 ½ l Gemüsebrühe

Salz

Pfeffer

2 TL Paprikapulver

Rezept

1. Wir stellen schon mal einen großen Topf mit Wasser auf den Herd und lassen das Wasser kochen, ehe wir es großzügig salzen.

2. Nun vermengen wir Mehl, 1 TL Salz, Petersilie und gemahlenen Pfeffer (Letzteren nach Lust und Tagesverfassung) in einer großen Schüssel und geben danach die Bohnen inklusive der Flüssigkeit direkt aus der Dose dazu. Wir verrühren alles zu einem kompakten Teig. Sollte der Teig zu flüssig sein, noch etwas Mehl hinzugeben, und falls er zu hart ist, ein klein wenig Wasser.

3. Anschließend benetzen wir unsere Hände mit Wasser und formen mittelgroße Knödel aus dem Teig, die wir ca. 15 bis 20 Minuten in unserem Salzwasser sieden lassen. Dann heben wir sie aus dem Wasser.

4. Während die Knödel sieden, hacken wir unsere Zwiebel in feine Stücke und nehmen einen großen Topf zur Hand, in dem wir sie mit dem Olivenöl ein paar Minuten rösten, bis sie goldbraun ist. Wenn es so weit ist, geben wir unsere Gemüsesuppe drauf, verfeinern sie mit Salz, Pfeffer und Paprikapulver und lassen sie 15 Minuten lang köcheln.

5. Nun richten wir an, indem wir die Suppe in Teller schöpfen und 1 oder 2 Knödel hineinlegen. Ein Genuss!

Das beste Chili

Manchmal sehne ich mich einfach nach einem großen Topf Chili, von dem ich mir tagelang alle paar Stunden eine kleine Schale nehmen kann. In solchen Fällen kommt mir diese Köstlichkeit gerade wie gerufen. Würde ein Bild davon auf Instagram wahnsinnig viele Likes bekommen? Wohl kaum, aber es schmeckt, und darauf kommt es ja an.

Zutaten

Für 4 Personen

- 1 ½ EL Olivenöl
- 1 rote Paprika, gehackt
- 1 große Zwiebel, gehackt
- 2 Knoblauchzehen, zerstampft
- 120 g Butter
- 750 g Hackfleisch, Rind und Schwein gemischt
- 2 EL Chilipulver
- 1 EL Kreuzkümmel, gemahlen
- 1 TL Cayennepfeffer
- 2 Dosen Kidney-Bohnen à 400 g, abgeseiht und abgespült
- 1 Dose stückige Tomaten à 400 g
- Salz
- Pfeffer

Rezept

1. Wir erhitzen das Olivenöl in einem großen Topf bei mittlerer Hitze und braten die rote Paprika darin an. Wenn sie weich ist (nach ca. 5 Minuten), geben wir die Zwiebel dazu und lassen sie weich werden (ca. 2 Minuten), ehe wir für 1 Minute den Knoblauch dazugeben.

2. Jetzt geben wir die Hälfte der Butter in unseren Topf und braten das Fleisch darin an, bis es nicht mehr roh ist (die Hitze erhöhen und oft umrühren!). Sobald es so weit ist, geben wir unsere Gewürze – also Chilipulver, Kreuzkümmel und Cayennepfeffer – hinein und rühren kräftig um.

3. Nun geben wir die restliche Butter sowie die Bohnen und Tomaten in den Topf. Wir legen einen Deckel obendrauf, stellen auf niedrigere Hitze und lassen das Chili 30 bis 45 Minuten vor sich hin kochen. Währenddessen ein paar Mal sneaky kosten und nach Geschmack salzen und pfeffern!

Schmeckt sehr gut mit
einem Klecks saurer Sahne
obendrauf!

Dieses Rezept kam mir das erste Mal unter, als ich eine Variante davon in Nigella Lawsons Kochshow „Cook, Eat, Repeat“ sah. Schnell habe ich das Gericht meinen Bedürfnissen angepasst, den Spinatanteil verdoppelt und den Schärfegrad erhöht. Ähnlich wie so manche Girl- oder Boy-Groups vereint dieses Gericht Komponenten, die auf sich allein gestellt keine wahnsinnig großen Stars wären: Zwiebel, Chilis, Senf, Spinat und Fischstäbchen? Klingt langweilig. Miteinander kombiniert entsteht dabei jedoch ein überraschend köstliches Mischmasch, das ich mindestens einmal die Woche essen möchte. Probiert es aus, ihr werdet es nicht bereuen!

Fischstäbchen-Mischmasch

Rezept

1. Fangen wir an, indem wir die Fischstäbchen so zubereiten, wie es die Packung von uns verlangt. Wobei, hier ist ein kleiner Regelbruch erlaubt: Damit sie extra-crunchy werden, würde ich sie ein paar Minuten länger im Ofen lassen.

2. Unterdessen erhitzen wir das Rapsöl in einer großen Pfanne und braten unsere Zwiebeln bei mittlerer Hitze für etwa 20 Minuten an, bis sie goldfarben und weich werden. Dabei gerne hie und da mal umrühren.

3. Jetzt geben wir die Chilis hinein und lassen sie 3 Minuten lang mit unseren Zwiebeln schmurgeln, ehe wir 2 weitere Minuten den Ingwer beimengen. Nach diesem Schritt geben wir den Senf und das Salz dazu, rühren gut um und fügen dann den Spinat hinzu. Im ersten Moment wirkt die Pfanne nun recht voll, aber wie das bei Spinat immer ist, sollte er nach 2 bis 3 Minuten bereits viel kleiner geworden sein. Wenn das passiert ist, geben wir den Saft der Limette hinein.

4. Nun geben wir die Pfanne weg von der Hitze und verteilen unsere 12 Fischstäbchen darin. Damit sie mundgerecht werden, können wir jedes Fischstäbchen in der Pfanne mit einem Kochlöffel dritteln oder halbieren. Einmal noch gut umrühren, sodass sich alles gut vermengt, bevor wir das Gericht mit reichlich Koriander servieren.

Ich serviere dieses Gericht gerne mit **eingelegten roten Zwiebeln** – die sind supereasy in der Zubereitung und schinden Eindruck bei Gästen. Dafür einfach 1 rote Zwiebel in dünne Halbmonde schneiden und in ein verschließbares Glas geben. Nun füllen wir dieses Glas mit Rotweinessig, bis die Zwiebelhalbmonde ganz davon bedeckt sind, verschließen das Glas mit einem Deckel und lassen es für mindestens 2 Stunden so stehen. Köstlich!

Zutaten

Für 2 Personen

- 12 Fischstäbchen, gefroren
- 3 EL Rapsöl
- 2 Zwiebeln, in dünne Scheiben geschnitten
- 2 getrocknete Chilis
- ca. 50 g Ingwer, gerieben
- 2 EL englischer Senf
- 2 TL Meersalzflocken
- 250 g Jungspinat
- Saft von 1 Limette
- viel Koriander

Fleischlose Fleischbällchen

Zutaten

Für 4 Personen
Für Michis schnelle Tomatensauce
2 EL Olivenöl
4 Knoblauchzehen, fein gerieben
2 Dosen ganze Tomaten à 400 g
¾ TL Salz
1 Prise Pfeffer
¼ TL Chilipulver
Für die Bällchen
1 Aubergine, in Würfel geschnitten
½ Blumenkohl, in kleine Stücke geschnitten
1 rote Paprika, in Streifen geschnitten
4 Knoblauchzehen
60 ml (¼ Cup) Olivenöl
1 TL Meersalzflocken
Pfeffer
1 getrocknete Chilischote, zerbröselt, oder ½ TL Chiliflocken
100 g (½ Cup) Dinkelreis
50 g (½ Cup) Parmesan, gerieben, plus etwas Parmesan zum Bestreuen
100 g (½ Cup) Panko

Rezept

1. Zuerst erhitzen wir für die Sauce das Öl bei mittlerer Hitze in einer großen Pfanne. Wir braten den Knoblauch darin 2 bis 3 Minuten unter gelegentlichem Rühren, bis er goldbraun wird. Nun geben wir Tomaten, Salz, Pfeffer und Chilipulver dazu. Mir macht es großen Spaß, die Tomaten mit einem Kochlöffel zu zerteilen, während ich die Sauce 10 bis 15 Minuten vor sich hin köcheln lassen. Fertig!

2. Wir heizen den Ofen auf 200 Grad Ober-/Unterhitze (Umluft 180 Grad) vor und legen ein Backblech mit Backpapier aus. Auf das Blech geben wir die Auberginen, den Blumenkohl, die Paprika und den Knoblauch. Jetzt verteilen wir Olivenöl, Salz, ein bisschen Pfeffer und die zerbröselte Chilischote darüber, vermengen alles gut und schieben es für 45 Minuten in den Ofen.

3. Unterdessen kochen wir den Dinkelreis, wie es auf der Packung steht.

4. Das fertige Gemüse lassen wir kurz auskühlen und geben es dann in eine Küchenmaschine, in der wir es verarbeiten, bis es gut zerstückelt, aber noch erkennbar ist. Lasst es bloß nicht zum Brei werden, dann ist es zu spät und es gibt kein Zurück mehr!

5. In einer Schüssel vermengen wir die Masse mit Dinkelreis, Parmesan und Panko.

6. Darauf formen wir kleine, in etwa golfballgroße Bällchen. Das funktioniert am besten mit den Händen, ist aber eine klebrige Angelegenheit. Sorry dafür! Die Bällchen geben wir für 30 Minuten in den Ofen und servieren sie mit Tomatensauce und Parmesan. Guten Appetit!

Wenn ihr besonders hungrig seid, könnt ihr die Bällchen auf Nudeln reichen und wie Susi und Strolch essen – ich bin nicht hier, um zu urteilen.

Hach ja, meine fleischlosen Fleischbällchen! Die habe ich mal in einem YouTube-Video zubereitet und sie haben sich so großer Beliebtheit erfreut, dass ich heute noch Zuschriften von Leuten bekommen, die davon schwärmen und mir Bilder ihrer Fleischbällchen schicken – nebenbei die einzige Art Balls, die ich in meiner Inbox goutiere. Obwohl ich ein kleiner Fleischtiger bin, mache ich sie immer wieder gerne und esse sie sogar lieber als klassische Fleischbällchen.

Denke ich an meine Kindheit zurück, habe ich sofort den Geschmack das köstlichen Gulaschs meiner Mutter im Mund, das es bei uns meistens Sonntagmittag gab. Schon um 10 Uhr wanderte der köstliche Geruch durch die Räume meines Elternhauses. Natürlich schmeckt es am besten, wenn meine Mama es zubereitet, aber weil ich es unbedingt in meinem Kochbuch haben wollte, habe ich sie nach dem Rezept gefragt. Meine Mutter sagt, dass von manchen Zutaten „ein bissl halt" reingehört und behauptet, dass sie anhand des Blubberns weiß, wann das Gulasch fertig ist. Wir haben mit vereinten Kräften unser Bestes getan, es für euch in genaueren Angaben auf Papier zu bringen.

Das berühmte Gulasch meiner Mama

Zutaten

Für 6 Personen
1 kg Zwiebeln
5 Knoblauchzehen
1 kg Wadschinken (oder „Wodschunken", wie meine Mama ihn gerne nennt, also saftiges Fleisch vom unteren Teil der Rinderkeule)
2 EL Sonnenblumenöl
2 TL Salz
2 TL Pfeffer, gemahlen
2 TL Paprikapulver
2 TL Majoran
2 TL Kümmel, gemahlen
5 Suppenwürfel
2 Lorbeerblätter
reichlich Wasser
100 g Tomatenmark
1 EL Maisstärke (optional)
Semmeln, Baguette o.Ä. zum Servieren

Rezept

1. Wir schneiden die Zwiebeln und die Knoblauchzehen in kleine Stücke. Da wir hier 1 kg Zwiebel benötigen, wird das ein bisschen dauern und tränenreich sein. Ihr könnt ja bei jeder vergossenen Träne daran denken, wie sehr ihr mich liebt.

2. Nun schneiden wir das Fleisch gleichmäßig in ca. 3 x 3 cm große Würfel, also ja nicht zu klein.

3. Wir erhitzen das Öl in einem großen Topf bei mittlerer Hitze, geben Zwiebeln und Knoblauch hinein und lassen sie unter gelegentlichem Rühren anschwitzen, bis sie schön hellbraun sind; das kann schon mal gute 10 Minuten dauern. Wenn es so weit ist, kommt auch das Fleisch dazu und wird von allen Seiten gut angeröstet.

4. Jetzt geht's ans Eingemachte, denn in diesem Schritt geben wir Salz, Pfeffer, Paprikapulver, Majoran und Kümmel in den Topf und rühren einmal kräftig um. Dann fügen wir die Suppenwürfel und Lorbeerblätter dazu sowie so viel Wasser, dass der gesamte Topfinhalt gut bedeckt ist. Abschließend mengen wir noch das Tomatenmark unter.

5. Aaah, Zeit zu entspannen! Wir reduzieren die Hitze, geben einen Deckel auf den Topf und lassen unser Gulasch 3 Stunden lang entspannt vor sich hin köcheln.

6. Wenn die Zeit rum ist, sollte sich das Fleisch ganz leicht mit einem Holzlöffel teilen lassen. Ihr könnt es aus der Sauce nehmen und kleiner schneiden, wenn ihr wollt. Meine Mama rät euch außerdem, die Sauce mit den Zwiebeln in ein hohes Gefäß zu füllen und mit einem Pürierstab zu pürieren. Wenn meine Mama das sagt, mache ich es einfach! Sollte die Sauce zu flüssig sein, könnt ihr die Stärke in wenig warmem Wasser auflösen und wenig Sauce dazugeben. Dann rührt diese Mischung wieder in die restliche Sauce.

7. Reunion-Time! Wir geben nun die Sauce wieder in unseren Topf mit dem Fleisch, rühren nochmal gut um und servieren das Gulasch mit Semmeln oder Baguette. Egal was, Hauptsache Weißbrot! Meine Mama und ich wünschen euch guten Appetit.

9:41

Zurück

Michi

Tinten-Lippen soll man küssen

Message

Gestern, 13.33

Als ich anfing, meinen Freund Dominik zu daten, war ich gerade mal 20 und in Sachen Liebe gänzlich unerfahren. Meine Unsicherheit äußerte sich vor allem dadurch, dass ich zu Beginn unserer Beziehung für jede kleinste Kleinigkeit Google zu Rate zog. „Ab wann Händchenhalten in der Öffentlichkeit?", wollte ich wissen, während mir „Freund Familie vorstellen ungezwungen wie??" schlaflose Nächte bereitete. Ich übertreibe wahrscheinlich nicht, wenn ich sage, dass Dominik für die ersten paar Monate der Beziehung mit einer Suchmaschine zusammen war.

Gestern, 14.12

Aber je länger wir zusammen waren, desto selbstsicherer wurde ich, und irgendwann hörte ich auf, eine Google-Beziehung zu führen, und konzentrierte mich stattdessen auf den wunderbaren neuen Mann in meinem Leben, der – wie sich herausstellte – irrsinnig gerne kochte. Bereits bei einem unserer ersten Dates bereitete er mit einer Engelsgeduld mehrere Stunden lang ein Risotto für uns zu, das in mir nicht nur weitere Sympathien für ihn auslöste, sondern vor allem ein schlechtes Gewissen.

Denn Kochen war eine weitere meine Unsicherheiten und ich war mir gewiss, dass ich – für den Pizza mit Käsekrainer-Topping vom Lieferservice zu diesem Zeitpunkt den absoluten Gipfel des Genusses bildete – meinem neuen Freund kulinarisch nur äußerst wenig bieten konnte. Da Dominik aber offensichtlich noch nicht bemerkt hatte, dass in meinem Kühlschrank ausschließlich Alkohol und Augenmasken zu finden waren, mich der Mann vom Lieferservice aber beim Vornamen kannte, fragte er immer wieder, was ich denn gerne so kochte und wann er denn mal zu mir zum Essen kommen dürfe. Ja, Liebe geht durch den Magen, aber gleichzeitig wollte ich meinen neuen Freund sehr gerne vor einer Lebensmittelvergiftung bewahren. Ob Google wohl auch für mich kochen konnte?

Gestern, 14:25

In diesem frühen Stadium unserer Beziehung war ich noch nicht so radikal ehrlich, wie ich es heute bin, und so googelte ich nach „Sexy Essen für Date zuhause EINFACH". Die Suchmaschine spuckte ein Rezept aus, das – wenn ich dem Foodblogger, auf dessen Webseite es zu finden war, Glauben schenkte – gleichzeitig supereasy, aber auch sexy und mysteriös war. Es handelte sich um „Spaghetti al nero di seppia", also schwarze Pasta mit Tintenfischtinte. Ein völlig normales Rezept, das bestimmt alle normalen Leute bei ihrem siebten Date kochen!

16:33

Gestern, 20.44

Leider war das Rezept für die schwarze Pasta doch nicht so einfach, wie ich es auf den ersten Blick vermutet hatte. Der Foodblogger erzählte erst unnötig von seinen Kindheitsurlauben in Italien und wollte dann nicht nur, dass ich schwarze Nudeln kaufte (wo sollte ich die bloß finden?), sondern auch, dass ich eine schwarze Sauce aus Tintenfischtinte zubereitete. Clever wie ich dachte zu sein, beschloss ich kurzerhand, einfach reguläre, weiße Pasta zu kaufen, da die schwarze Sauce sie ohnehin bedecken würde. Hach, ich war einfach zu gewieft für diese Welt.

Erst nachdem ich längst zu kochen angefangen hatte und Dominiks Ankunft in meiner Wohnung wenige Minuten bevorstand, begriff ich, dass pechschwarze Sauce auf heller Pasta absolut unappetitlich aussah; in etwa so, als hätte ich Nudeln gekocht, die mir kurz nach ihrer Zubereitung in den Dreck gefallen waren. Nicht nur das: Weil ich unsicher (und so verliebt) war, versalzte ich die Sauce komplett und versuchte, meinen Fehler mit mehreren Esslöffeln Zucker zu beheben, was für ein ganz besonders explosives Geschmackserlebnis sorgte, das ich bis zum heutigen Tag zu verdrängen versuche.

Gestern, 22.05

Es kam noch schlimmer: Erst als Dominik meine Wohnung betrat, dämmerte mir, dass er zu diesem Zeitpunkt ja eigentlich vegetarisch und phasenweise sogar vegan lebte und eine Sauce aus Tintenfischtinte daher vielleicht nicht unbedingt meine Wahl für das erste Gericht hätte sein müssen, das ich je für ihn zubereitete. Wo ich mich gerade noch als sexy Koch gesehen hatte, der seine neue Flamme mit einem teuflisch-guten Gericht um die Finger wickelte, fühlte ich mich nun immer mehr wie die unbeholfene Bridget Jones, die ihren Gästen blaue Suppe servierte.

Meine Intuition (und, okay, sein gequälter Gesichtsausdruck) verrieten mir, dass Dominik meine schwarze Pasta nicht wahnsinnig gut schmeckte. Dennoch aß er sie bis zum letzten Bissen, nach welchem seine Lippen betörend schwarz gefärbt waren, und lobte meine Bemühungen.

Gestern, 23.58

Heute sind wir seit über zehn Jahren zusammen. Mittlerweile weiß ich genau, welche Speisen meinem Freund schmecken, und koche sie gerne für ihn. Ich befrage Google längst nicht mehr und bin mir sowohl in meinen Kochkünsten als auch in unserer Beziehung äußerst sicher. Aber schon als Dominik an jenem Abend zu Beginn unserer Beziehung lächelnd eine Mahlzeit vertilgte, die mir wirklich nicht gelungen war, wusste ich: Er ist der Richtige für mich. Liebe geht wohl tatsächlich durch den Magen – selbst wenn das Essen nicht schmeckt.

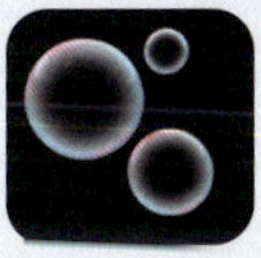

Kichererbsen-Kohl-Curry

Bei diesem Curry bekomme ich gleich beim ersten Löffel ein Flashback: Wir schreiben den Sommer 2018. Dominik und ich sind fünf Wochen am Stück auf einer kleinen kroatischen Insel und zum ersten Mal in diesem Urlaub ist es draußen richtig kalt, nass und windig. Wir sehnen uns nach einer Mahlzeit, die uns von innen wärmt. Also durchforste ich die Küche des Ferienhauses nach ein paar Zutaten, aus denen man gut ein Curry machen könnte, und eine Stunde später duftet es bereits im ganzen Haus nach meinem improvisierten Wärmespender. Absolut köstlich.

Zutaten

Für 4 Personen

- 3 EL Olivenöl
- 1 Zwiebel, geschnitten
- Salz
- 4 Knoblauchzehen, gepresst
- 3 EL Ingwer, gerieben
- 1 TL Garam Masala
- 2 TL Currypulver
- 1 Prise Cayennepfeffer
- 1 Dose Kichererbsen à 400 g, abgeseiht und abgespült
- 240 ml (1 Cup) Gemüse- oder Hühnerbrühe
- 240 ml (1 Cup) Kokosmilch
- 120 g Grünkohl, in mundgerechte Stücke gezupft
- Pfeffer
- Zitronensaft, frisch gepresst

Rezept

1. Wir erhitzen das Olivenöl in einem großen Topf bei mittlerer Hitze. Jetzt geben wir die Zwiebel und ein bisschen Salz dazu und lassen die Zwiebel in ca. 7 Minuten weich werden. Nun geben wir Knoblauch, Ingwer und Gewürze für 2 weitere Minuten dazu.

2. Cool, jetzt schmeißen wir die Kichererbsen, die Brühe sowie die Kokosmilch in den Topf und lassen unser Curry kurz aufkochen – let's get this party started!

3. Nun reduzieren wir die Hitze auf ein leises Köcheln und lassen den Topfinhalt 10 Minuten vor sich hin blubbern.

4. Wenn diese 10 Minuten vorbei sind, geben wir den Kohl und noch ein bisschen Salz dazu und lassen alles für 10 weitere Minuten kochen.

5. Mit Salz und Pfeffer sowie 1 Spritzer Zitronensaft verfeinern und genießen!

DAS LINSEN-BLUMENKOHL-GERICHT

Dominik und ich haben uns diese Speise über die Jahre zusammen-improvisiert. Erst haben wir statt Linsen Kichererbsen verwendet, ehe uns der Geistesblitz ereilt hat, dass es mit Linsen viel besser wäre. Nach und nach hat sich Petersilie dazugesellt, ehe der Feta dieses Gericht auf eine völlig neue Ebene katapultiert hat. Böse Zungen mögen behaupten, dass es sich bloß um einen „Beilagensalat" handle, aber ich bin ganz ehrlich: Ich esse gerne eine große Schüssel meines Linsen-Blumenkohl-Gerichts als Hauptmahlzeit und bin danach meistens um 200% glücklicher, als ich es vorher war.

Zutaten

Für 2 Personen

- 1 Dose Linsen à 400 g, abgeseiht und abgespült
- 1 Blumenkohl, in kleine Röschen geschnitten
- Olivenöl
- Salz
- 1 EL Dijonsenf
- 1 EL körniger Senf
- 1 EL Weißweinessig
- Pfeffer
- 1 Handvoll Petersilie, gehackt
- ca. 150 g (½ Cup) Feta

Rezept

1. Wir heizen den Ofen auf 200 Grad Ober-/Unterhitze vor und vermischen die Linsen sowie unsere Blumenkohl-Röschen mit 3 EL Öl sowie richtig viel Salz – es soll ja schließlich nach was schmecken. Die Mischung kommt für 45 Minuten in den Ofen!

2. Für das Dressing vermengen wir unsere beiden Senfe, den Essig, 50 ml (¼ Cup) Olivenöl sowie Salz und Pfeffer miteinander und rühren dann die Petersilie ein.

3. Wenn der Blumenkohl goldbraun ist, nehmen wir das Blech aus dem Ofen und geben den Inhalt in eine Schüssel. Darin vermengen wir das Linsen-Blumenkohl-Gemisch mit unserem Dressing und verteilen zum Servieren noch ein bisschen Feta obendrauf. Ich liebe dieses Gericht einfach!

Gemütliche Minestrone

Ich muss gestehen, dass ich jahrelang einen großen Bogen um Minestrone aller Art gemacht habe, da ich sie als „Suppe" abgestempelt habe und Suppen – wie ihr vielleicht an ihrem fast vollständigen Fernbleiben aus diesem Kochbuch merkt – für eine große, heiße Zeitverschwendung halte. Wie töricht von mir, denn diese Minestrone ist ein absoluter Hit und, Hand aufs Herz, mehr ein besonders flüssiger Auflauf als eine Suppe. Wie es solche Gerichte so an sich haben, schmeckt sie am nächsten Tag noch um Welten besser.

Zutaten

Für 4 Personen
3 EL Olivenöl
1 große Zwiebel, gehackt
1 ½ TL Salz
4 kleine Karotten, in Taler geschnitten
4 Stangen Sellerie, in kleine Stücke geschnitten
2 Knoblauchzehen, fein gehackt
2 Dosen ganze Tomaten à 400 g, geschält
600 g Weißkohl, in kleine Stücke geschnippelt
2 TL frischer Rosmarin, gehackt
2 Dosen Kidney-Bohnen à 400 g, abgetropft und abgespült
¼ TL Chiliflocken
¼ TL Pfeffer
so viel Parmesan, wie ihr wollt

Rezept

1. In einem großen Topf erhitzen wir das Öl bei mittlerer bis hoher Hitze. Wir geben die Zwiebel und ½ TL Salz hinein und lassen sie weich werden, während wir hie und da umrühren – ich würde sagen, das dauert so 5 bis 6 Minuten.

2. Nun fügen wir die Karotten und den Sellerie hinzu und lassen sie unter gelegentlichem Rühren ebenfalls weich werden, das dauert etwa 5 bis 6 Minuten.

3. Wir geben den gehackten Knoblauch dazu und braten ihn 1 Minute, bis er so richtig duftet.

4. Nun geben wir die Tomaten und ca. 1,2 l Wasser dazu. Mir macht es besonders Spaß, die ganzen Tomaten aus der Dose mit einem Löffel zu zerstoßen – das fühlt sich an wie ein kleines Spiel. Wir lassen den Topfinhalt aufkochen.

5. Jetzt geben wir Weißkohl, Rosmarin, Kidney-Bohnen, Chiliflocken, Pfeffer und den restlichen TL Salz dazu. Wir decken den Topf mit einem Deckel ab, reduzieren die Hitze und lassen alles etwa 25 bis 30 Minuten köcheln, bis das Gemuse weich ist. Nun servieren wir und reiben dabei unbedingt Parmesan über die Minestrone. Wenn ich mich besonders genießerisch fühle, schäle ich den Parmesan mit einem Kartoffelschäler in breite Bänder. Köstlich!

Ofengemüse in Pfeffersauce

Wenn ich meinen Mitmenschen von meinem „Ofengemüse in Pfeffersauce" erzähle (was, unter uns, gar nicht so selten passiert), denken sie meistens, ich würde so eine ekelhafte Pfeffer-Sahne-Sauce meinen. Wie können sie nur? Kennen sie mich wirklich so wenig? Diese Pfeffersauce hat wirklich nichts Liebliches an sich: Ihr Geschmack ist intensiv, penetrant und peppt so gut wie jedes Gemüse so richtig auf. Wenn ich mich besonders funky fühle, esse ich einen Becher Cottage Cheese dazu, was im ersten Moment falsch klingt, aber äußerst köstlich schmeckt. Ich liebe dieses Gericht!

Rezept

1. Wir heizen den Ofen auf 220 Grad Ober-/Unterhitze vor. Dann reiben wir den Blumenkohl, den Weißkohl und den Kürbis mit ein bisschen Olivenöl ein, bestreuen alles mit ein bisschen Salz und schieben es auf einem Backblech verteilt für 40 Minuten in den Ofen, bis das Gemüse leicht angebrannt aussieht – genau diesen Look wollen wir!

2. Wenn unser Ofengemüse gerade halbfertig ist, also nach ca. 20 Minuten, können wir anfangen, 2 EL Olivenöl bei mittlerer Hitze in einer Pfanne zu erwärmen, und dann die rote Zwiebel, den Knoblauch und den Ingwer reingeben. 15 bis 20 Minuten lassen wir diesen Mischmasch anbraten, bis er anfängt zu karamellisieren. Dann fügen wir Tamari, Coconut Aminos und Pfeffer hinzu. Kurz aufkochen lassen und dann weg von der Hitze!

3. Wir richten unser Ofengemüse nun mit sehr viel Koriander sowie Reis oder Quinoa an und geben die Pfeffersauce obendrauf.

Ihr könnt auch einfach improvisieren und das Gemüse nehmen, das ihr gerade zuhause habt oder leicht bekommt.

Zutaten

Für 2 Personen

- ½ Blumenkohl, in Röschen geschnitten
- ½ Weißkohl, geviertelt, aber der Strunk sollte intakt bleiben und die Teile zusammenhalten
- das runde Ende eines mittelgroßen Butternusskürbisses, in Wedges geschnitten
- Olivenöl
- Salz
- 1 rote Zwiebel, dünn geschnitten
- 6 Knoblauchzehen, gerieben
- 1 EL Ingwer, gerieben
- 60 ml (¼ Cup) Tamari
- 60 ml (¼ Cup) Coconut Aminos
- 1 ½ EL Pfeffer, frisch gerieben
- viel Koriander zum Anrichten, grob gehackt
- als Beilage ein bisschen gekochter brauner Reis oder Quinoa

Quinoa-Chili

Wem das Chili von S. 130 zu fleischlastig ist – und das sehe ich ein, denn es besteht tatsächlich zum Großteil aus Fleisch –, kann ich diese Alternative ans Herz legen, die ähnlich schmeckt, aber ein eigenständiges, veganes Gericht ist, das nicht versucht, ein Fleischgericht nachzuahmen.

Zutaten

Für 4 Personen
2 EL Olivenöl
1 Zwiebel, gehackt
4 Knoblauchzehen, gehackt
2 rote Paprika, in dickere Streifen geschnitten
2 mittelgroße Süßkartoffeln, geschält und in Würfel geschnitten
2 EL Chilipulver
2 TL Kreuzkümmel, gemahlen
2 Dosen ganze Tomaten à 400 g
1 Dose Kidney-Bohnen à 400 g, abgeseiht und abgespült
1 Dose weiße Bohnen à 400 g, abgeseiht und abgespült
1 EL Rotweinessig
1 ½ TL Salz
Pfeffer
500 ml (2 Cups) Wasser
100 g (½ Cup) Quinoa
ein bisschen Petersilie, gehackt, zum Darüberstreuen

Rezept

1. In einem großen Topf bei mittlerer Hitze erhitzen wir das Olivenöl und geben dann die Zwiebel und den Knoblauch dazu. Wir braten sie an und rühren dabei um, bis die Zwiebel weich wird, ca. 5 Minuten lang.

2. Jetzt geben wir die Paprika und die Süßkartoffeln in den Topf und lassen alles 2 weitere Minuten braten, ehe wir unsere Gewürze – also das Chilipulver und den Kreuzkümmel – beimengen und 1 Minute mitbraten. Dann geben wir die ganzen Tomaten dazu und – ihr kennt das ja bereits von mir (S. 147) – zerstoßen sie mit dem Kochlöffel. Jetzt geben wir noch die Bohnen, den Essig, Salz, Pfeffer und das Wasser dazu.

3. Der Spaß kann kommen, denn jetzt erhöhen wir die Hitze und bringen unser Chili zum Kochen. Dann reduzieren wir die Hitze auf mittlere Stufe und lassen das Gericht vor sich hin köcheln, während wir immer wieder umrühren, ca. 10 Minuten lang. Anschließend geben wir die Quinoa dazu und lassen alles unter Rühren weiter köcheln, ca. 15 Minuten lang. Gewiss müsst ihr dabei nicht ständig umrühren, sondern wenn es euch halt gerade reinpasst (aber was habt ihr bitte sonst noch vor, wo ihr doch ein köstliches und veganes Chili zubereitet?). Nun sollten die Quinoa gar und die Süßkartoffeln schön weich sein.

4. Abschließend geben wir Petersilie nach Belieben rein und können servieren!

SÜSSES

Kapitel 6.

Das Beste habe ich mir natürlich bis zum Schluss aufgehoben: Süßspeisen! Kochen ist ja schön und gut und ich habe es in den letzten Jahren selbstverständlich lieben gelernt (auf dieselbe Art und Weise, auf die man auch sehr anstrengende Verwandte liebt), aber Backen ist und bleibt meine wahre, langjährige Leidenschaft. Wie ich dazu gefunden habe und was es mir bedeutet, lest ihr natürlich auch in diesem Kapitel.

Es ist mir fast unangenehm, euch zu sagen, wie sehr ich Süßes liebe. Freunde machen oft große Augen, wenn ich mir im gemeinsamen Urlaub bereits zum Frühstück ein Stück Torte gönne. Nicht selten lasse ich im Backstage-Bereich meiner Auftritte die pikante Platte links liegen und mache mich stattdessen über die süßen Versuchungen her. Einmal hat mir eine Ärztin aufgrund meiner Akne allen Ernstes geraten, einfach mal für zwei Monate auf Fett und Zucker zu verzichten. Zwei Monate? Ohne meine liebsten Zutaten? Dann lieber Akne!

Ihr merkt, ich bin der festen Überzeugung, dass man für eine süße Überraschung immer noch ein bisschen Platz im Magen hat, und kein Kochbuch aus dem Hause Buchinger wäre komplett, ohne euch zumindest einen kleinen Einblick in meine liebsten Desserts zu geben. Also legt eure Schürzen an, heizt schon mal den Ofen vor und bringt alle Zutaten auf Zimmertemperatur: Jetzt wird gebacken!

Schoko-salami

Ich mache diese Schokosalami gerne in der Vorweihnachtszeit, und dann muss ich immer an meine Geschichtslehrerin am Gymnasium und ihre liebste Weihnachtstradition denken. Frau Ehrenhofer hielt es nämlich für eine brillante Idee, einem Raum voll von pubertierenden Jugendlichen jedes Jahr in der letzten Stunde vor Weihnachten eine Geschichte mit dem wohlklingenden Titel „Die Weihnachtswurst" vorzulesen. Darin ging es um einen kleinen Jungen, der nachts aus dem Bett kroch, um heimlich an der „dicken, prallen Weihnachtswurst", die seine Mutter im Kühlschrank aufbewahrte, zu knabbern. Es gab schockierend viele Details darüber, wie der Junge sich erst die Spitze der Wurst in den Mund steckte, ehe er sich nach und nach mehr davon gönnte. Oft habe ich im Internet nach dieser Geschichte gesucht und bin nicht fündig geworden, was einmal mehr meinen Verdacht bestätigt, dass sie diese erotisch anmutende Story in einer besonders wilden Dezember-Nacht selbst verfasst hat. Wie dem auch sei: Hier verrate ich euch mein Rezept für die perfekte Weihnachtswurst.

Zutaten

Für ca. 1 kg Schokosalami

- 250 g hochwertige Zartbitterschokolade (mindestens 70%), grob gehackt
- 250 g Amaretti-Kekse (knusprig, nicht weich)
- 100 g (7 EL) weiche Butter
- 150 g (¾ Cup) Zucker
- 3 große Eier
- 2 EL Amaretto-Likör
- 2 EL Kakaopulver, ungesüßt
- 75 g (½ Cup) Mandeln, ungeschält, grob gehackt
- 75 g (½ Cup) Haselnüsse, grob gehackt
- 50 g (⅓ Cup) Pistazien, grob gehackt
- 2 EL Puderzucker

Rezept

1. Wir schmelzen die Schokolade bei niedriger Temperatur in einem Topf. Während sie schmilzt, geben wir unsere Amaretti-Kekse in einen großen Gefrierbeutel, verschließe ihn und schlagen dann mit einem Nudelholz darauf ein, bis wir einen Beutel voller Brösel haben - perfekt, um den Vorweihnachtsfrust rauszulassen. Die geschmolzene Schokolade lassen wir an einen kühlen Ort (nicht im Kühlschrank, der ist zu kühl) abkühlen.

2. Nun mischen wir die Butter und den Zucker, und wenn uns das gelungen ist, mengen wir nach und nach die Eier bei. Schlussendlich rühren wir den Amaretto-Likör dazu.

3. Den Kakao streichen wir durch ein kleines Sieb in die abgekühlte Schokolade und rühren mit einem Teigschaber kräftig um, bis alles gut vermischt ist. Diese Schokomischung arbeiten wir jetzt in die Eier-Mischung ein. Himmlisch!

4. Wenn wir eine glatte Schokoladenmischung haben, geben wir die gehackten Mandeln, Haselnüsse und Pistazien und die zerstoßenen Kekse dazu. Jetzt ist Geduld gefragt, denn wir müssen wirklich gründlich umrühren, bis die Nüsse und die Kekse gut bedeckt sind. Dann geben wir die Mischung in der Schüssel für 20 bis 30 Minuten in den Kühlschrank, damit sie etwas fester wird.

5. Lasset den Spaß beginnen! Wir nehmen 2 große Stücke Frischhaltefolie und legen sie überlappend vor uns hin (es soll einfach so aussehen, als hätten wir eine große, mit Frischhaltefolie bedeckte Fläche vor uns). Wir kippen die Schokoladenmischung in die Mitte und formen sie mit den Händen zu einer dicken, Salami-ähnlichen Rolle, ca. 30 cm lang.

6. Wir decken die Schokoladenrolle komplett mit der Frischhaltefolie ab und rollen sie fest, fast so wie ein Nudelholz, um einen glatten, gerundeten Zylinder zu formen. Dann verdrehen wir – wir bei einer echten Wurst – die Enden, indem wir sie uns greifen und die Wurst mehrmals zu uns rollen. Jetzt die schlechten Nachrichten: Das Ganze muss für mindestens 6 Stunden – am besten über Nacht – in den Kühlschrank, bis die Schokosalami fest ist.

7. Für die ultimative Salami-Optik reiben wir den Puderzucker über die ausgepackte Salami.

Fleißaufgabe: Wer will, kann ein langes Stück Schnur dekorativ im Salami-Schnur-Style um unsere Schokosalami wickeln. Für die Technik schaut ihr euch am besten ein YouTube-Tutorial an, ich kann euch das hier beim besten Willen nicht erklären.

Wie ich

DAS BACKEN LIEBEN LERNTE

Ich war 16 und ich war unzufrieden.

Klar: Einerseits mit meiner pickeligen Haut, meinen schlechten Mathenoten und meinem – vermutlich meiner Homosexualität und der eben erwähnten schlechten Haut geschuldeten – Status als Außenseiter an der Schule. Andererseits, und sogar noch viel dringlicher, war ich allerdings unzufrieden mit Backwaren. Richtig gelesen: Backwaren!

Okay, vielleicht braucht ihr ja ein bisschen Kontext: Damals schrieben wir das Jahr 2008. „I Kissed A Girl“ von Katy Perry dominierte gerade die Spitze der Hitparade. Ich lebte im burgenländischen Müllendorf und hatte zu diesem Zeitpunkt weder ein Girl geschweige denn einen Boy geküsst und wollte meine Frustration darüber gerne mit Cupcakes, Brownies, Cookies und Schoko-Fudge-Torten ersticken.

Doch damals war die Zeit eine andere: Anders als heute konnte man nicht in jede beliebige Bäckerei reinplatzen und nach einem Triple-Chocolate-Brownie oder einer anderen solchen Köstlichkeit verlangen. Im Burgenland war ich vor allem umgeben von Plundergebäck, trockenen Kipferln und Topfenstrudeln – altmodischen Backwaren eben, die mich nun wirklich nicht befriedigten und mit denen man mich bis heute jagen kann.

Nicht selten pilgerte ich dann mit dem Zug – nur mit einem Esslöffel im Gepäck – nach Wien und kaufte dort Eissorten einer (in meinen Augen) heißen neuen Marke namens Ben & Jerry's oder besuchte in der Schleifmühlgasse den Foodstore Bobby's und kaufte mir Pop Tarts, die ich dann in einem öffentlichen Park aß. Es waren einfach andere Zeiten und meine Geschmacksnerven durch US-Serien wohl zu sehr amerikanisiert, als dass ich im Burgenland auf meine kulinarischen Kosten kommen konnte.

Also beschloss ich, die Sache einfach selbst in die Hand zu nehmen: Aus dem Internet bestellte ich mir Backbücher von Cynthia Barcomi, Martha Stewart und der New Yorker Konditorei-Kette Magnolia's Bakery. Ich verbrachte Stunden damit, die US-Mengenangaben in europäische Einheiten zu bringen. Wenn es um Süßspeisen ging, war ich plötzlich gar nicht mehr so schlecht in Mathe!

War ich anfangs gut im Backen? Sagen wir es gemeinsam: Natürlich nicht! Abgelenkt und aufgeregt wie ich war, vergaß ich oft die Hälfte der Zutaten, machte merkwürdige Substitutionen oder verlor den Backofen völlig aus den Augen, während ich im Nebenzimmer Musikvideos auf MTV schaute. Mit der Zeit entwickelte ich aber Routine, fing an, Rezepte genau zu lesen und die Zutaten penibel vorzubereiten, und von da an wurde Backen zu einer meiner größten Leidenschaften.

Schon bald duftete es aus dem Küchenfenster meines Elternhauses in Müllendorf nach French Toast, Cupcakes und Boston Cream Pie. Wäre mein Geschäftssinn damals ein bisschen ausgeprägter gewesen, hätte ich direkt am Eisenstädter Domplatz eine kleine Bäckerei aufmachen und anderen Teenagern überteuerte Cupcakes verkaufen sollen (schließlich war ich nicht der einzige, der sich an ländlichen Mehlspeisen satt gegessen hatte), dann wäre ich heute vermutlich bereits Millionär.

Wenngleich das Backen mich nicht reich gemacht hat, hat es mir – zu einem Zeitpunkt, an dem ich das wirklich gebraucht habe – Komfort gegeben und mich in eine andere Welt transportiert. Mein wachsendes Backtalent erwies sich zudem als äußerst hilfreich, um meinen sozialen Status an der Schule aufzubessern. Wer sich ebenfalls als „Außenseiter" sieht, sollte einfach mal ein paar frisch gebackene Zimtschnecken mit ins Klassenzimmer nehmen.

Klar, meine Backvorlieben sind heute schon wieder um einiges europäischer, als das noch in meiner Jugend der Fall war, und die Rezepte aus diesem Kapitel sollten der Beweis dafür sein. Aber das Backen bleibt bis zum heutigen Tag eines meiner größten Steckenpferde. Weniges liebe ich mehr, als angesichts eines gut vorgeheizten Ofens mit einer jazzigen Playlist in der Küche zu verschwinden und für ein paar Stunden meinen Alltag zu vergessen. Und zur Belohnung gibt es im Anschluss Süßes. Ich liebe Backen einfach!

Pop Tarts French Toa Cupcakes Boston Cre Cupcakes

Live
Laugh
Hate

Die absolut besten Schokobrownies

Im Jahr 2019 haben Dominik und ich, bevor wir zusammengezogen sind und aus zwei Haushalten einen gemacht haben, einen Flohmarkt veranstaltet, um ein paar überflüssige Dinge zu verkaufen. Wer braucht bitte zwei Wasserkocher? Auf jeden Fall hielt ich es für eine nette Geste, bei diesem Flohmarkt auch ein paar meiner legendären Schokobrownies zu verkaufen und darf euch berichten, dass sie an diesem Tag der absolute Hot Seller waren. Seitdem spiele ich mit dem Gedanken, irgendwo in der Innenstadt ein winziges Lokal aufzumachen und es „Buchingers Brownie Bar" zu nennen, in der ich aus einem Fenster raus ausschließlich diese Brownies und sonst nichts verkaufe. Ich glaube, es würde sehr gut funktionieren, aber ich will mir die Mühe nicht antun, also verrate ich euch einfach das Rezept.

Zutaten

Für 1 Form von ca. 30 x 25 cm
450 g (2 ¼ Cups) Zucker
4 Eier
250 g (1 ¼ Cup) Butter, geschmolzen
75 g (¾ Cup) Kakaopulver
75 g (½ Cup) Mehl
⅔ TL Backpulver
1 TL flüssiger Vanilleextrakt
175 g (1 Cup) Haselnüsse, geröstet
400 g dunkle Schokolade (70%), in Stücke gehackt

Rezept

1. Wir heizen den Ofen auf 180 Grad Ober-/Unterhitze vor.

2. Den Zucker und die Eier vermengen wir, bis sie diese herrliche, fluffige Konsistenz haben, dann rühren wir die geschmolzene Butter ein. Nun geben wir auch das Kakaopulver, das Mehl und das Backpulver dazu und danach den Vanilleextrakt, die Haselnüsse und die Schokostücke. Also eigentlich eh alles.

3. Jetzt vermixen wir die Zutaten, bis sie eine schöne Masse ergeben. Die gießen wir in eine Form mit Backpapier, die ca. 30 x 25 cm groß sein sollte. Diese Form geben wir für 30 Minuten in den Ofen. Die Brownies sollten in der Mitte noch etwas weich und fudgy, aber definitiv nicht roh sein. Falls notwendig, könnt ihr sie ja noch ein paar Minuten länger drin lassen.

Früchte-crumble

Oft sehne ich mich nach einer Nachspeise, die meine Cravings nach Süßem befriedigt, aber mir danach nicht schwer im Magen liegt. Wenngleich dieser Crumble rund ums Jahr gut schmeckt, schreit er für mich förmlich „Sommer"! Die Geschmackskombination aus süßem Obst und Salz erinnert mich immer ein bisschen an die Familienurlaube meiner Kindheit, als ich am Strand von Canyamel in Mallorca süßes Obst mit Meersalz-gewürzten Fingern gegessen habe. Hach, Erinnerungen! Aber zurück in die Gegenwart: Dieser Crumble schmeckt super mit Eiscreme. Ich liebe ihn auch am nächsten Morgen als Topping für meinen Skyr. Das Leben kann so wundervoll sein!

Zutaten

Für 1 Form mit ca. 15 x 25 cm

- 600 g gemischte Früchte und Beeren – ich mag Äpfel, Nektarinen, Zwetschgen und Heidelbeeren, nach Bedarf geschnippelt
- 4 EL Ahornsirup
- 1 EL Zitronensaft
- 60 g (½ Cup) Walnüsse, gemahlen
- 45 g (½ Cup) Haferflocken
- 1 Prise Salz
- ½ TL Zimt
- 2 EL Olivenöl

Rezept

1. Wir heizen den Ofen auf 200 Grad Ober-/Unterhitze vor.

2. In einer flachen Auflaufform mit ca. 15 x 25 cm vermengen wir das Obst, 2 EL Ahornsirup und den Zitronensaft miteinander.

3. Wir vermischen in einer Schüssel Walnüsse, Haferflocken, Salz und Zimt. Zur Haferflocken-Mischung müssen wir nun auch das Olivenöl und die restlichen 2 EL Ahornsirup hinzufügen; wir rühren um, bis alles gut vermengt ist.

4. Wir krümeln die Haferflocken-Mischung über das Obst und backen den Crumble, bis die Oberseite goldbraun ist und das Obst blubbert, etwa 20 bis 25 Minuten.

Gesalzene Chocolate Chip Cookies

Chocolate Chip Cookies sind wie Sex: Auch, wenn sie schlecht sind, sind sie eigentlich gut. Freudig darf ich euch berichten, dass diese hier wahnsinnig gut sind. Chocolate Chip Cookies backe ich regelmäßig, seit ich 16 war – damit mir nicht langweilig wird, habe ich mir einen kleinen Twist einfallen lassen und vor ein paar Jahren angefangen, sie auch noch mit Meersalzflocken zu bestreuen. Jetzt sind sie wirklich perfekt.

Zutaten

Für ca. 24 Eiskugel-große Cookies
225 g Butter (Zimmertemperatur)
1 TL flüssiger Vanilleextrakt
200 g (1 Cup) hellbrauner Zucker
200 g (1 Cup) weißer Zucker
2 Eier
420 g (4 ½ Cups) Mehl
1 ½ TL Salz
¾ TL Backpulver
150 g (1 Cup) Schokodrops
Meersalzflocken

Rezept

1. Wir heizen den Ofen auf 180 Grad Ober-/Unterhitze vor und geben die Butter, den Vanilleextrakt sowie die beiden Zucker in eine Schüssel, in der wir sie mit einem Handmixer oder einer Küchenmaschine gründlich vermengen. Dann geben wir ein Ei nach dem anderen dazu, bis sie gut eingemixt sind.

2. In einer weiteren Schüssel (ich weiß, wie anstrengend – zwei Schüsseln!) vermengen wir die restlichen trockenen Zutaten miteinander; also Mehl, Salz und Backpulver. Die geben wir dann nach und nach zur feuchten Masse dazu. Wenn alles gut vermengt ist, fügen wir die Schokodrops bei und arbeiten sie schlampig ein – ja nicht zu gründlich, sonst glauben unsere Gäste noch, wir hätten die Kekse gekauft!

3. Jetzt legen wir den Teig in ca. 24 Eiskugel-großen Bällchen auf ein Backblech mit Backpapier und bestreuen jeden Keks vor dem Backen mit 1 Prise Meersalzflocken, ehe wir das Blech für 15 Minuten in den Ofen schieben, bis die Kekse goldbraun sind.

Legendärer Cheesecake

Meine legendärer Cheesecake ist aus all den richtigen Gründen legendär: Er gelingt immer, schmeckt fantastisch und ist aufgrund seiner überschaubaren Größe das perfekte Mitbringsel für Zusammenkommen aller Art. Mein Freundeskreis ist es mittlerweile gewohnt, dass ich zur Dinner-Einladung mit Cheesecake in den Händen vor der Tür stehe. „Das wäre wirklich nicht notwendig gewesen!", sagen sie dann, als wäre es völlig selbstlos von mir, diese Nachspeise mitzubringen. Ich bitte dich, Angelika! Vor allem habe ich den doch dabei, weil ich Cheesecake will. So, wie ich deine Kochkünste kenne, wollte ich sichergehen, dass wenigstens das Dessert schmeckt.

Zutaten

Für 1 Springform von 20 cm
150 g Butterkekse
75 g (5 EL) Butter (sehr weich)
600 g (2 ½ Cups) Doppelrahmfrischkäse
150 g (¾ Cup) Zucker
3 Eigelb
3 Eiweiß
1 ½ EL flüssiger Vanilleextrakt
1 ½ EL Zitronensaft, frisch gepresst

Für obendrauf
145 ml (½ Cup) saure Sahne
1 EL Zucker
½ TL flüssiger Vanilleextrakt

Rezept

1. Wir heizen den Ofen auf 180 Grad Ober-/Unterhitze vor. In einer Küchenmaschine bearbeiten wir die Butterkekse, bis sie wirklich nur mehr Krümelchen sind, und mengen dann die weiche Butter bei. Nun legen wir eine 20 cm große Springform mit Backpapier aus (ich hasse das, aber es muss sein) und drücken die Keks-Butter-Mischung gleichmäßig in den Boden. Ihr wisst ganz genau, dass ich dafür meine Hände benutze. Ab in den Kühlschrank!

2. Wir vermengen den Frischkäse und den Zucker und geben dann nach und nach die Eigelbe und Eiweiße dazu, bevor abschließend Vanilleextrakt und Zitronensaft reinkommen.

3. Der nächste Schritt ist ein bisschen kompliziert, aber sehr wichtig, damit ja kein Wasser in die Form kommt (das erinnert mich daran: Ihr solltet bereits jetzt anfangen, Wasser zu kochen. Wir brauchen es gleich!). Wir nehmen 2 oder 3 Bögen Alufolie und wickeln sie um den Boden und die Seite der Springform. Schaut einfach, wo rein theoretisch überall Wasser in die Form dringen könnte, und macht diese Stellen mit Alufolie dicht. Dann stellen wir die Form auf ein Backblech und geben das Ganze in den Ofen.

4. Dort gießen wir die Cheesecake-Füllung in die Form und das frisch aufgekochte Wasser auf das Backblech, sodass die Form davon umgeben ist. Vorsichtig sein! Dann schließen wir den Ofen und lassen den Cheesecake 50 Minuten backen, bis er oben halbwegs fest ist. Warum? Weil wir jetzt in einer kleinen Schüssel saure Sahne, Zucker und Vanilleextrakt vermengen und die Mischung dann vorsichtig über dem Cheesecake verteilen, ehe wir ihn 10 weitere Minuten im Ofen backen. Wenn ihr gefinkelt seid, müsst ihr den Cheesecake für diese Mission nicht aus dem Ofen nehmen.

5. Vorsichtig nehmen wir das Backblech aus dem Ofen und befreien die Form von der Alufolie. Lasst den Kuchen gut auskühlen, ehe er in der Springform in den Kühlschrank kommt. Wenn ihr das Gefühl habt, dass er schön kalt ist und ihr einfach nicht mehr länger warten könnt, könnt ihr ihn rausnehmen, aus der Form holen und anschneiden.

OREO-CHEESE-CAKES

Wer kennt das nicht? Man schmeißt eine kleine Party zuhause und möchte gerne eine süße, selbst gemachte Kleinigkeit servieren, ist sich aber nicht ganz sicher, was. Glaubt mir, in solchen Situationen habe ich bereits einiges probiert: Kekse, Früchtekuchen, mehrschichtige Torten. Egal, wie viel Mühe ich mir gegeben habe; die süße Überraschung, die immer mit Abstand am besten angekommen ist, sind meine Oreo Cheesecakes. Sie sind leicht zu machen, handlich und entuppten sich schnell als regelrechter Crowd Pleaser. Denn wer mag bitte keine Oreos?

Zutaten

Für 15 Mini-Cheesecakes
21 Oreos (oder ähnliche Kekse – die sind oft günstiger!), 15 davon ganz, 6 gewaltvoll in Stücke geschnitten
500 g Doppelrahmfrischkäse (Zimmertemperatur)
100 g (½ Cup) Zucker
½ TL flüssiger Vanilleextrakt
2 große Eier
120 ml (½ Cup) saure Sahne
1 Prise Salz

Rezept

1. Wir heizen den Ofen auf 140 Grad Ober-/Unterhitze vor und legen ein Muffinblech mit 15 kleinen Muffinpapierchen aus. In jedes davon legen wir einen Oreo-Keks – das hat eine beruhigende und meditative Wirkung, also genießt es!

2. Mithilfe einer Küchenmaschine schlagen wir den Frischkäse in einer Schüssel cremig, rühren dann den Zucker ein, bis er sich gut integriert hat, und geben schließlich den Vanilleextrakt dazu.

3. Jetzt geben wir ein Ei nach dem anderen dazu, und danach auch die saure Sahne und das Salz. An dieser Stelle könnt ihr die Küchenmaschine ausmachen und händisch die zerschnittenen Oreo-Bits einarbeiten (mit einem Löffel, nicht mit den Fingern).

4. Wir verteilen den Teig gleichmäßig in den Muffinformen, bis sie randvoll sind. Dann geben wir unsere kleinen Cheesecakes für 22 Minuten in den Ofen, wobei es ganz gut wäre, das Blech nach der Hälfte zu drehen. Wenn die Cupcakes ausgekühlt sind, sollten sie noch für 4 Stunden in den Kühlschrank, dann könnt ihr sie genießen.

5 GRÜNDE, WARUM ICH BACKEN LIEBE

1

ES ERGIBT EINFACH SINN

Es gibt ja viele Dinge im Leben, die ich nicht so ganz verstehe: Warum bin ich so müde, ich hab doch acht Stunden geschlafen? Warum schreibt er mir nicht zurück? Warum sind immer alle so schlecht drauf, obwohl ich voll nett zu ihnen bin? Bei all diesen Unklarheiten des Alltags gibt es mir tatsächlich sehr viel Sicherheit und Trost, mich in die Küche zu stellen und etwas zu backen. Meine Gefühlswelt mag in Aufruhr sein, aber wenn ich Eier, Mehl, Zucker und Backpulver vermenge, kommt immer ein Kuchen dabei raus, also ist die Welt noch in Ordnung. (Schlimm ist es natürlich, wenn ich etwas backen will, um Zuversicht zu bekommen, und mein Kuchen dann außen verbrannt und ihnen noch roh wird. Ein schlechtes Omen!)

2

BACKEN IST EINE GENAUE WISSENSCHAFT

So gerne ich mittlerweile auch kochen mag, manchmal stresst es mich noch immer ein bisschen. Meines Erachtens muss man sich als kochende Person ein wenig zu sehr auf seine Intuition und seine Auffassungsgabe verlassen – zwei Dinge, die bei mir jetzt nicht wahnsinnig ausgeprägt sind. Nicht selten hört man Leute sagen „Ach, dieses Gericht? Da habe ich einfach ein bisschen Gemüse in den Topf geworfen und ein paar Gewürze dazugegeben. Wieviel genau? Ach, habe ich einfach nach Bauchgefühl gemacht!" Okay, Bärbel, danke für nichts. Beim Backen ist das undenkbar, und das ist gut so! Verlasse ich mich dabei auf mein „Bauchgefühl" und verwende einmal lieber ein bisschen weniger Mehl, gleicht mein Schokokuchen am Ende eher einem besonders flüssigen Mousse au Chocolat. Als Kontrollfreak liebe ich es, mich ganz genau an ein Rezept zu halten.

3

GEBACKENES LÄSST SICH SUPER TRANSPORTIEREN

Als kleiner Benimmregeln-Nerd werde ich bereits in dem Moment, in dem mich meine Freunde zu sich nach Hause einladen, ganz hibbelig, weil ich fest davon überzeugt bin, ein Gastgeschenk mitnehmen zu müssen, selbst wenn wir uns bereits seit sieben Jahren kennen und regelmäßig miteinander abhängen. Natürlich bietet es sich an, Essbares mitzunehmen, aber habt ihr schon mal ein Linsen-Dal in einen Tupperware-Container gegeben, seid damit 20 Minuten lang U-Bahn gefahren und habt es dann eurem Gastgeber präsentiert? Sagen wir einfach, die Freude beim Anblick des lauwarmen, braunen Matsches ist meistens nicht sonderlich groß. Daher liebe ich Backwaren: Sie sind wie dafür gemacht, sie schnieke einzupacken und mitzunehmen. Wer freut sich nicht über sechs frisch gebackene Red Velvet Cupcakes, für jetzt oder später? Richtig: Niemand! Eine süße Überraschung ist in meinen Augen die ideale Art und Weise, „Ich mag dich" zu sagen.

4

BACKWAREN SIND SO HÜBSCH

Selbst, wenn ich sie gar nicht essen würde (was für ein törichter Gedanke!), würde ich gebackene Kreationen schon allein aufgrund ihrer Ästhetik und Instagrammability vergöttern. Nichts ist für mich hübscher als eine Torte aus drei Schichten mit einem dicken Buttercreme-Frosting und ein paar kandierten Nüssen oder frischen Beeren als Topping. Geil! Für einen Pin-up-Kalender mit Backwaren würde ich gutes Geld ausgeben. Ich finde Torten, Cupcakes und Kekse einfach so schön, dass ich manchmal mit dem Gedanken spiele, mehrere dieser Styropor-Torten auf eBay zu kaufen und sie an verschiedenen Orten in meiner Wohnung zu verteilen, damit mich in jedem Zimmer eine süße kleine Augenweide erwartet.

5

VON ROHEM TEIG NASCHEN IST DAS BESTE GEFÜHL AUF DER WELT

Schon als Kind wurde mir eingetrichtert, dass es schwere Konsequenzen (also Bauchweh) haben würde, wenn ich von rohem Kuchenteig naschte, aber genau diese drohenden Folgen für mein Fehlverhalten waren es, die das Naschen rohen Teiges so sexy und köstlich für mich machten. Sobald die Erwachsenen ihre Blicke abwandten, probierte ich sofort vom rohen Teig und fühlte mich dabei wie Adam und Eva im Garten Eden, als sie an diesem köstlichen Apfel nibbelten. Mit dem Alter bin ich übrigens nicht klüger geworden: Bis zum heutigen Tag lecke ich immer rohen Teig direkt vom Löffel ab und rede mir ein, dass ich doch probieren müsse, was ich da backe – nur für den Fall, dass es nicht schmeckt, versteht sich natürlich. Wie kann etwas falsch sein, wenn es sich oh-so-richtig anfühlt?

Die Selbstdiagnose hat ergeben:
Ich bin ein Chocoholic.

Gesalzene Schokoladentarte

Selten wird mein Verlangen nach Schokolade so sehr befriedigt wie mit dieser Tarte: Kakao im Boden, zwei Sorten Schokolade in der Füllung – was will man mehr? Das Angenehme an dieser Tarte ist, dass nur der Boden wirklich gebacken wird, und das auch nur kurz – der Rest wird einfach vermischt und dann kommt das Ergebnis in den Kühlschrank. Wie kann eine Süßspeise so gut und so stressfrei sein? Auf jeder Ebene eine Tarte ganz nach meinem Geschmack.

Zutaten

Für 1 Tarteform mit 23 cm

Für den Boden

110 g (⅘ Cup) Mehl
30 g (2 EL) Kakaopulver, ungesüßt
40 g (2 ½ EL) Puderzucker
½ EL Salz
115 g (½ Cup) Butter, geschmolzen

Für die Füllung

225 g Zartbitterschokolade
115 g Milchschokolade
160 g (¾ Cup) Sahne
110 g (⅓ Cup) Honig
220 g (1 Cup) saure Sahne
grobes Meersalz zum Darüberstreuen (optional)

Rezept

1. Zubereitung des Bodens. Wir heizen den Ofen auf 180 Grad Ober-/Unterhitze vor. In einer mittelgroßen Schüssel vermengen wir Mehl, Kakaopulver, Puderzucker und Salz miteinander. Dann geben wir die geschmolzene Butter darüber und mischen alles gut zusammen (der Teig sollte die Konsistenz von Plastilin haben). Wir drücken ihn in eine Tarteform mit 23 cm Durchmesser. Das geht ganz gut mit den Händen oder mit einem Teigspachtel.

2. Wir backen den Boden im Ofen, bis er vollständig durchgebacken ist; das dauert so 15 bis 20 Minuten. Wir nehmen ihn aus dem Ofen und lassen ihn vollständig auskühlen.

3. Zubereitung der Füllung: Wir geben Zartbitter- und Milchschokolade gemeinsam in eine mittelgroße hitzebständige Schüssel.

4. Nun erwärmen wir in einem kleinen Topf Sahne und Honig bei mittlerer Hitze. Sobald das Gemisch anfängt zu köcheln (bitte nicht kochen lassen), nehmen wir es vom Herd und gießen es über die Schokolade. Das Ganze lassen wir nun 2 Minuten stehen, damit die Schokolade schmelzen kann, und vermengen es mit dem Teigspachtel, bis keine Schokoladenstücke mehr übrig sind.

5. Jetzt geben wir die saure Sahne hinzu und rühren sie ein, bis die Masse dickflüssig und glänzend aussieht. Nun gießen wir die Füllung sofort auf den abgekühlten Teigboden und glätten die Oberfläche. Dann geben wir die Tarte für mindestens 1 Stunde in den Kühlschrank, bevor wir sie rausnehmen und anschneiden dürfen. Ich mag es ganz gerne, mein Stück auch noch mit Meersalzflocken zu bestreuen, aber das ist nicht jedermanns Sache.

Schokoladenkuchen ohne Mehl

Schaut, ich habe kein Problem mit Mehl. Ich vertrage es sehr gut und bin auch keiner dieser Menschen, die in Restaurants alles glutenfrei bestellen, nur um anstrengend zu sein und ihrer Bestellung dieses gewisse *je ne sais quoi* zu verleihen. Aber ich habe in meinem Leben schon einige Schokoladenkuchen gegessen und sage ehrlich: Dieser, der zufällig kein Mehl enthält, ist in meinen Augen der absolut beste.

Zutaten

Für 1 Springform mit 23 cm
150 g dunkle Schokolade (mindestens 70%)
150 g Milchschokolade
225 g (1 Cup) Zucker
180 ml (¾ Cup) kochendes Wasser
225 g (1 Cup) Butter oder sogar ein bisschen mehr (zum Einfetten)
1 Prise Salz
6 Eier, getrennt
1 sehr kurzer Espresso
1 EL flüssiger Vanilleextrakt
200 ml (¾ Cup) Crème fraîche
150 g (1 Cup) Himbeeren
150 g (1 Cup) Erdbeeren, halbiert oder geviertelt (je nach Größe)
50 g (⅓ Cup) rote Johannisbeeren

Rezept

1. Wir heizen den Ofen auf 160 Grad Ober-/Unterhitze vor, das kann ja nicht schaden. Dann nehmen wir eine Springform mit 23 cm Durchmesser und fetten sie mit Butter ein oder legen sie mit Backpapier aus oder am besten beides!

2. In einem kleinen Topf lassen wir bei niedriger Hitze die beiden Schokoladensorten miteinander verschmelzen und transferieren sie dann in eine größere Schüssel, wo wir sie – am besten mit einer Küchenmaschine oder einfach mit eurem liebsten Küchenutensil, wenn ihr besonders fleißig seid – mit dem Zucker vermengen. Wenn wir das geschafft haben, geben wir unter ständigem Rühren das kochende Wasser, die Butter, das Salz, die Eigelbe, den Espresso und den Vanilleextrakt hinzu.

3. Eischnee-Time! In einer Schüssel schlagen wir unsere 6 Eiweiß steif und heben sie dann unter unseren Schokoteig, ca. 10 Sekunden lang (bloß nicht übertreiben – was habt ihr zu beweisen?).

4. Jetzt geben wir die Masse in die vorbereitete Kuchenform und schieben sie dann für 45 bis 55 Minuten in den Ofen. Achtung: Die Oberfläche dieses Kuchens wird so richtig hässlich, und sobald man ihn aus dem Ofen nimmt, wird das sogar noch viel schlimmer. Dagegen unternehmen wir gleich etwas.

5. Wir lassen den Kuchen abkühlen und geben ihn dann noch ein paar Stunden in den Kühlschrank. Kurz bevor wir ihn servieren, holen wir ihn raus, klatschen reichlich Crème fraîche drauf und überhäufen diese mit unseren Beeren, bis der Kuchen aussieht, als sei er einem Renaissance-Gemälde entsprungen.

Besonders gut schmeckt
mir die Torte, wenn ich
noch Honig darübergieße.

Michis Snacktorte

Manchmal sehne ich mich nach etwas, das ich liebevoll als „Snacktorte" bezeichnen würde. Damit meine ich eine Süßspeise, die mein Verlangen nach Zucker befriedigt, nach der ich mir aber nicht denke: „Whoa, ich hab gerade ein Stück Torte gegessen!" Eine Snacktorte ist eine Torte, die eure Großmütter und älteren Tanten sicher immer zuhause haben und wenn ihr sie nach dem Rezept fragt, sagen sie, es ist „nur ein bisschen Obst mit Teig".

Zutaten

Für 1 Springform mit 23 cm
115 g (½ Cup) Butter, plus mehr zum Einbuttern
600 g (4 Cups) Brombeeren oder andere Beeren
90 g (⅓ Cup) Zucker, plus 2 Extra-EL Zucker
245 g (2 Cups) Mehl
40 g (¼ Cup) brauner Zucker
2 TL Backpulver
100 ml (½ Cup) Buttermilch
2 Eier
50 ml (¼ Cup) Rapsöl

Rezept

1. Wir heizen den Ofen auf 180 Grad Ober-/Unterhitze vor und buttern eine 23 cm große Tortenform gut ein.

2. Jetzt waschen wir die Brombeeren gründlich. Ich sollte dazusagen, dass ihr sie danach auch gut trocknen müsst. Föhnt sie von mir aus, sie sollten sehr trocken sein! Ich habe das einmal nicht gemacht, und der Kuchen war danach viel flüssiger, weil sich in den Brombeeren so viel Wasser gefangen hat. Man lernt nie aus! Wie dem auch sei, die Brombeeren geben wir gemeinsam mit 2 EL Zucker in eine große Schüssel und zerstoßen sie ein bisschen mit einer Gabel, damit sie ein bisschen safteln, aber bloß nicht zu sehr.

3. Nun vermengen wir die trockenen Zutaten, also das Mehl, die beiden Zuckersorten und das Backpulver, miteinander.

4. In einer Küchenmaschine vermixen wir die Buttermilch mit den Eiern und geben dann nach und nach die trockenen Zutaten rein. Ihr wisst schon, wie das geht. Ja nicht alles auf einmal.

5. Wenn alles gut vermengt ist, geben wir die weiche Butter und das Rapsöl in den Teig und mixen, bis keine Klumpen mehr zu sehen sind.

6. Jetzt geben wir die Hälfte unserer Beeren in den Teig und rühren nochmal händisch um, ehe wir den Teig in die Tortenform gießen. Dann streuen wir noch die andere Hälfte der Beeren obendrauf.

7. Jetzt geben wir die Torte für 40 bis 50 Minuten in den Ofen, bis sie schön goldbraun ist. Überprüft am besten, ob der Teig innen eh nicht roh ist. Falls ja, lasst eure Kreation am besten noch ein bisschen länger im Ofen. Rausnehmen, auskühlen lassen und dann servieren.

Zitronenkuchen

Mein Zitronenkuchen, den man auf Englisch wohl Lemon Drizzle Cake nennen würde, ist wahrlich berühmt. Leider allerdings auf dieselbe Art und Weise, auf die die Pest und andere schlimme Krankheiten „berühmt" sind. Das vor allem deshalb, weil ich ihn einmal im Jahr 2015 in einem YouTube-Video gebacken habe – oder es zumindest probiert habe, als mittendrin das Backpapier angefangen hat, zu brennen, ich panisch vor laufender Kamera ein Feuer löschen musste und das Video daher aus all den falschen Gründen viral gegangen ist. Mein Teig landete damals im Müll und den Leuten blieb der Anblick eines absolut köstlichen Kuchens verwehrt. Hier bringe ich endlich zu Ende, was ich damals angefangen habe. Voilà: das Rezept für meinen berühmt-berüchtigten Zitronenkuchen!

Zutaten

Für 1 Form mit ca. 20 x 30 cm
Für den Kuchen
225 g (1 Cup) Butter bei Zimmertemperatur, plus ein bisschen mehr fürs Einfetten
225 g (1 Cup) Zucker
275 g (2 ¼ Cups) Mehl
16 g Backpulver (also 1 Packung)
4 Eier
4 EL Milch
Schalenabrieb von 2 Zitronen

Für die Glasur
175 g (¾ Cups) Zucker
Saft von 2 Zitronen

Rezept

1. Wir heizen den Ofen auf 180 Grad Ober-/Unterhitze vor, fetten eine ca. 20 x 30 cm große rechteckige Form mit ein bisschen Butter ein und legen sie dann mit Backpapier aus.

2. Nun geben wir alle Zutaten in eine große Schüssel und vermengen sie 2 Minuten lang mit einem Handmixer oder einer Küchenmaschine. Dann geben wir den Teig in unsere Form und streichen die Oberfläche schön glatt.

3. Wir backen den Kuchen 20 bis 30 Minuten, bis er ein bisschen aufgegangen ist und keine Krümel mehr zu sehen sind, wenn ihr mit einem Zahnstocher in die Mitte stecht. Bitte gebt Acht, dass das Backpapier bei diesem Schritt nicht zu brennen anfängt (I've been there …).

4. Jetzt machen wir die Glasur, indem wir den Zucker mit dem Zitronensaft verrühren. Wahrscheinlich wird die Glasur etwas kristallig, aber das stört uns nicht.

5. Nachdem der Kuchen ca. 5 Minuten lang auskühlen konnte, heben wir ihn mitsamt dem Backpapier aus der Form.

6. Jetzt verteilen wir die Glasur auf dem Kuchen, und zwar behutsam mit einem Pinsel, damit sie in den warmen Teig einsickert. Wir entfernen das Backpapier und können den Zitronenkuchen servieren.

SACHERSCHNITTEN MIT ZEHN EIERN

Zutaten

Für 1 Form mit ca. 24 x 36 cm

- 180 g Backschokolade (70%)
- ca. 200 g (1 Cup) Butter, plus Butter für die Form
- 160 g (¾ Cup) Zucker
- 8 Eigelb
- 10 Eiweiß
- 120 g (1 Cup) Mehl
- 1 EL Backpulver
- 200 g Zartbitterschokolade (85%)
- Aprikosenmarmelade zum Bestreichen

Rezept

1. Wir heizen den Ofen auf 170 Grad Ober-/Unterhitze vor und lassen die Backschokolade in einem Topf bei geringer Hitze schmelzen. Wir rühren 140 g Butter mit 80 g Zucker cremig, mengen die Eigelb unter und dann die geschmolzene Schokolade. Vielleicht wäre es ganz gut, wenn ihr die Schokolade vorher ein bisschen auskühlen lasst, damit wir nicht Scrambled Eggs bekommen.

2. Die Eiweiß schlagen wir nun mit dem restlichen Zucker steif. Das ist nicht ganz einfach, aber ihr werdet es schon schaffen. Macht das am besten in einer Jumbo-Schüssel!

3. Wir vermengen das Mehl mit dem Backpulver und arbeiten diese Mischung abwechselnd mit der Schokomasse in die Jumbo-Eiweiß-Schüssel ein.

4. Nun buttern wir eine eckige Form (meine ist ca. 24 x 36 cm groß) ein, geben den Teig rein und schieben die Form für 25 Minuten in den Ofen.

5. Jetzt machen wir die Glasur, indem wir die restliche Butter und die Zartbitterschokolade miteinander verschmelzen.

6. Wenn der Kuchen ausgekühlt ist, verstreichen wir zuerst reichlich Marmelade darauf (wenn ihr denkt, es ist genug, ist es wahrscheinlich noch immer zu wenig) und geben dann unsere Schokoglasur obendrüber. Wir lassen sie fest werden und richten an. Ein Genuss – bitte mindestens sechs Stück essen.

Wie wir vermutlich alle, habe auch ich in meiner Kindheit einmal den gravierenden Fehler gemacht, sehr viel einer Speise in Gegenwart meiner Großmutter zu essen – in meinem Fall waren es diese Sacherschnitten; ich hatte mit Sicherheit sechs Stück davon. Fortan dachte meine Großmutter, Sacherschnitten seien meine absolute Leibspeise. Bei jedem Treffen gab es daher Sacherschnitten in Hülle und Fülle und meine Oma war richtig enttäuscht, wenn ich nicht wieder mindestens sechs Stück davon aß. Aber es gibt definitiv Schlimmeres, als zum Sacherschnitten-Konsum gezwungen zu werden, also höre ich mal lieber auf zu meckern. Seit meine Oma nicht mehr lebt, mache ich diese Schnitten immer wieder selbst. Ja, man braucht dafür zehn Eier. Nein, sie schmecken nicht, wenn man auch nur ein Ei weniger verwendet.

blendtec

Rezeptregister

M

N

O

P

Q

S

T

W

Z

DANK-SAGUNG

Ich habe ja bereits ein paar Bücher geschrieben und meine bisherigen Projekte immer als sehr einsam in Erinnerung: Meistens bin ich für ein paar Wochen allein in ein Haus im Wald gefahren und habe jeden Tag geschrieben, bis ich mein Wörter-Ziel erreicht hatte. Deswegen war es für mich eine erfrischende Abwechslung, dass dieses Kochbuch mein bislang sozialstes Buchprojekt war, an dem viele tolle Menschen mitgearbeitet haben, denen ich nur allzu gerne danken möchte.

Wenn es zu einem Gericht in einem Kochbuch kein Bild zu sehen gibt, koche ich es ganz bestimmt nicht nach. Daher muss ich mich an erster Stelle natürlich bei meinem Foodfotografen **KEVIN ILSE** bedanken, der die fantastischen Fotos für dieses Kochbuch gemacht hat. Weil ich Kevin schon seit 2014 kenne, haben sich unsere Shooting-Tage meistens angefühlt, als würden wir uns zum Tratschen treffen und nebenbei ein paar Fotos machen. Danke dafür! Und danke, dass du deine fantastische Assistentin **VIOLA WALDECK** in mein Leben gebracht hast, die mir dieses an den Shooting-Tagen sehr viel einfacher gemacht hat.

Dieses Kochbuch würde es gar nicht geben, hätte mir **STEFANIE BRANDSTÄTTER** nicht eine Instagram-Direktnachricht mit dem Inhalt „Hast du schon mal daran gedacht, ein Kochbuch zu schreiben?" geschickt, so als hätte sie irgendwie einen Blick auf mein Vision Board aus dem Jahr 2022 erhascht. Danke, dass du den Stein ins Rollen gebracht hast. Die Zusammenarbeit mit dir und **ALEXANDRA TRAXLER** sowie dem ganzen Brandstätter-Team hat großen Spaß gemacht, ihr seid wirklich alle super!

CLARA BERLINSKI ist für das geniale Layout dieses Kochbuchs verantwortlich und hat so viele gleichermaßen tolle Cover-Entwürfe geliefert, dass ich mich unmöglich entscheiden konnte und im Endeffekt meine Instagram-Community habe abstimmen lassen. Danke für deine hervorragende Arbeit; das Blättern in meinem eigenen Buch bereitet mir aufgrund deines Layouts große Freude!

Bei **ELSE RIEGER** bedanke ich mich für das Lektorat meines Buches sowie ihre berühmte Checkliste zum Verfassen von Rezepten, die mir mein Leben wirklich um einiges leichter gemacht hat und sicher noch weit über dieses Kochbuch hinaus in Verwendung bleiben wird.

JULIA SOBIESZEK ist nicht nur eine ausgezeichnete Köchin, sondern auch eine fantastische Managerin und ich freue mich, dass wir auch dieses Projekt gemeinsam umsetzen konnten. So kann es weitergehen!

Danke an meine Schwiegermutter **EDITH PICHLER** für das detailgetreue Niederschreiben des Rezepts ihrer berühmten Bohnenknödel. Meine Mama **ROMY** wiederum hat die Rezepte für den Nuri-Aufstrich, die Sacherschnitten und ihr grandioses Gulasch beigesteuert. Danke dafür!

Lieber **DOMINIK**, durch dich habe ich Kochen erst lieben gelernt und daher schätze ich es umso mehr, dass du mich bei jedem Schritt der Entstehung dieses Kochbuchs unterstützt hast. Egal, ob ich dich gebeten habe, für die Shootings ein paar Rezepte vorzukochen oder bei unseren Foto-Sessions als Handmodell zu dienen; du warst immer gut gelaunt zur Stelle und dafür danke ich dir.

Nicht zuletzt möchte ich mich bei meiner treuen **COMMUNITY** bedanken. Es freut mich sehr, dass ihr mich bei all meinen unterschiedlichen Vorhaben unterstützt; sei es ein Podcast, eine Comedy-Show oder ein Kochbuch. Ich weiß euren jahrelangen Support wirklich sehr zu schätzen.

TEAM

MICHAEL BUCHINGER
Autor

Michael Buchinger ist Kabarettist und Influencer aus Leidenschaft. Seine Comedy-Karriere begann 2009 mit humorvollen YouTube-Videos. Inzwischen hat er über 150.000 Follower*innen gewonnen, mehrere Bücher veröffentlicht und betreibt einen wöchentlichen Plauder-Podcast namens „Buchingers Tagebuch".

KEVIN ILSE
Fotografie

Kevin Ilse ist Food-Fotograf und Food-Stylist aus Wien. Seit 2011 betreibt er den preisgekrönten Foodblog „The Stepford Husband". In seinem kulinarischen Kreativstudio in Wien setzt er visuelle und geschmacksvolle Food-Konzepte für eine Vielzahl an Kunden um.

CLARA BERLINSKI
Grafische Gestaltung

Bold und intuitiv, einfach und klar: So kann man die Arbeiten von Clara Berlinski beschreiben. Beim Kochen ist es nicht anders. Sie ist Teil des Designkollektivs SIRENE.

ELSE RIEGER
Lektorat

Die deutsche Wahlwienerin liebt die Arbeit mit Menschen und mit Sprache. An Kochbüchern schätzt sie insbesondere die Herausforderung, Wissen und Handlungsanweisungen bestmöglich in Worte und Bilder zu kleiden.

Liebe Leser*innen,

bleiben wir in Verbindung!
Wir freuen uns auf Ihre Anregungen,
Kritik und Wünsche.

leserbrief@brandstaetterverlag.com

Christian Brandstätter Verlag GmbH & Co KG
Wickenburggasse 26, 1080 Wien
Tel: +43 1 5121543-0

Viele weitere Leseinspirationen und
Geschenkideen finden Sie unter

www.brandstaetterverlag.com

1. Auflage, 2024

ISBN: 978-3-7106-0795-0

Autor: Michael Buchinger
Fotografie: Kevin Ilse
Grafische Gestaltung: Clara Berlinski
Lektorat: Else Rieger
Schlusskorrektorat: Katharina Wind
Projektleitung Brandstätter Verlag: Stefanie Brandstätter
& Alexandra Traxler

Abbildungsverzeichnis
Alle Fotografien: Kevin Ilse, ausgenommen:
Fotografie Teamseite: Lisa Edi (r.u.), Stefan Gyalai (u.)
Chips-Freisteller S. 39: NDanko/shutterstock.com
Messbecher S. 21: rodrigobark/shutterstock.com
Fotos S. 92-95; 138; 140-141: Privat

Papier: Magno Volume (135g) 1,1fach
Gedruckt in Österreich

WIR TRAGEN VERANTWORTUNG

Aus diesem Grund haben wir uns auf den Weg gemacht, um unseren Einfluss auf das Klima und auf den Planeten zu minimieren. Anstelle von Kompensationszahlungen, und über die üblichen Umweltlabel hinausgehend, haben wir uns das Ziel gesteckt, den CO_2-Ausstoß auf allen Ebenen signifikant zu verringern – entlang der gesamten Wertschöpfungskette von der Idee bis zum Buch in Ihren Händen. Mehr Informationen finden Sie unter

www.brandstaetterverlag.com/nachhaltigkeit